땅의 역사

땅의 역사 5

흑역사(黑歷史)

초판 1쇄 | 2021년 11월 22일

글과 사진 | 박종인

발행인 | 유철상
책임편집 | 박다정
편집 | 정은영, 정예슬, 정유진
디자인 | 조연경, 주인지, 노세희
마케팅 | 조종삼, 윤소담
콘텐츠 | 강한나

펴낸곳 | 상상출판
출판등록 | 2009년 9월 22일(제305-2010-02호)
주소 | 서울특별시 성동구 뚝섬로17가길 48, 성수에이원센터 1205호(성수동2가)
전화 | 02-963-9891
팩스 | 02-963-9892
전자우편 | sangsang9892@gmail.com
홈페이지 | www.esangsang.co.kr
블로그 | blog.naver.com/sangsang_pub
인쇄 | 다라니
종이 | ㈜월드페이퍼

ISBN 979-11-6782-002-0 (03910)

땅의 역사

⑤

흑역사(黑歷史)

글과 사진 박종인

상상출판

일러두기

1. 본문에 등장하는 인물 나이는 2021년 기준의 연 나이로 했습니다.

2. 본문에 나오는 1895년 이전 연도와 날짜는 음력 기준입니다. 필요할 경우 양력으로 표시한 부분도 있습니다.

3. 인용된 1차 사료 출처는 모두 문장 뒤편 괄호 속에 표기했습니다. 문맥에 맞게 의역한 부분도 있습니다.

4. 단행본·총서·정기간행물에는 겹낫표(『』)를, 인용서에 수록된 글·장·통계자료에는 홑낫표(「」)와 작은 따옴표("")를, 노래·미술작품에는 홑화살괄호(〈〉)를 사용했습니다.

5. 본문에서 반복적으로 사용되는 동일 출처 표기에는 일부 정보 생략이 있을 수 있습니다.

6. 보편적으로 알려진 역사적 사실은 따로 인용 출처를 표시하지 않았습니다.

7. 몇몇 인명과 지명은 외래어 표기법을 따르지 않고 독자들에게 낯익은 발음대로 표기했습니다.

이 책을 읽는 법

경기도 의정부 천보산 기슭에는 '족두리 산소'라 불리는 무덤이 있다. 사람들은 여기에 의순공주의 족두리가 묻혀 있다고 믿는다. 의순공주는 원래 공주가 아니다. 1650년 효종 때 금림군이라는 왕실 인척의 딸이다. 그때 조선은 청나라 황실로부터 당시 청 황제 작은아버지 도르곤 후궁의 후보감을 요구받고 있었다. 조건은 '왕 누이나 딸, 혹은 근족이나 대신 딸 중 정숙하고 아름답고 훌륭한 여자'.

딸부자였던 국가 최고지도자 효종부터 자기는 결혼 적령기에 있는 딸이 없다고 주장했다. 딸 명단을 제출하라는 명을 받은 문무백관 모두 딸이 없다고 주장했는데, 반나절 만에 세 명한테 딸이 있다는 사실이 발각됐다. 이러구러 신하들 딸 40명과 종실 처녀 16명이 후보군에 올랐는데, 청나라 사신은 그녀들을 보고 이리 쏘아붙였다. "하나같이 못생겼다. 우리를 시험하는 것인가?"

그런데 효종과 10촌지간인 금림군이 불쑥 "나에게 딸이 있는데 자색이 있다"며 딸 주기를 자청하는 게 아닌가. 효종은 급히 금림군 딸을 공주로 삼고 이름을 의순공주라 붙여 청나라로 보냈다. 그때 효종은 이렇게 단단히 다짐을 받았다. "명심하라. 금림군은 내 5촌이고 의순공주는 내 6촌이며 양녀다. 금림의 자식이 아니다." 효종과 10촌 형제 뻘이던 금림군은 5촌 아저씨로 둔갑했고 11촌 조카딸은 6촌 누이동생이며 동시에 양녀가 된 것이다.

아버지 금림군과 의순공주의 형제들은 많은 금은보화와 벼슬로 보답을 받았다. 의순공주가 시집간 청나라 도르곤은 일찍 죽었다. 의순공주는 귀국해 쓸쓸히 살다가 죽었다. 의정부 사람들은 그녀가 압록강을 건너기 전 물에 뛰어들어 자결했고, 수면에 떠오른 족두리를 모셔다 천보산에 묻었다고 믿고 있다. 그래서 족두리 산소다.

나라를 위해 자식을 바치겠다는 사람은 하나도 없었다. 효종도 마찬가지였다. 오로지 절반은 입신양명을 노린 금림군에 의해 여자 한 명이 희생되는 광경을 그 선비들은 지켜만 보고, 안도했다. 그런 위선(僞善)이 흘러넘치는 나라가 조선이었다. 그런 위선을 참지 않고 고함을 지르며 시정을 요구하던 참된 인물들도 있었기에 나라는 기우뚱기우뚱하면서도 유지됐다.

일신영달과 안위만을 챙기던 이기적 인물들로 인해 벌어진 역사를 우리는 흑역사(黑歷史)라고 부른다. 기억하고 싶지 않고, 가능하다면 되돌리고 싶은 역사다. 임진왜란, 병자호란 그리고 구한말 난세(亂世)에 그런 이기주의자들이 벌어놓은 황당한 일들 탓에 일반 백성은 도탄에 빠졌고 결국 나라는 망했다.

이 책에는 그런 시커먼 역사가 가득하다. 따라서 유쾌할 수가 없다.

자기 혈족에게 보내는 편지 한 장으로 국가 인사와 국정을 좌지우지했던 고종 비 민씨, 그 민비의 눈에 든 무당 진령군과 함께 세상을 자기 금고로 만들어버린 금당실 사람 이유인, 막무가내로 여염집을 밀고 들어가 살던 사람을 쫓아내고 집을 차지하던 양반들, 갖은 방법으로 자기 선정비를 만들고 돈을 뜯어낸 탐관오리 집단, 권력을 차지하기 위해 자기 벗들까지 정략의 희생양으로 삼은 정치인들과 아예 자기 외에는 자기 사치와 욕망의 도구로 삼아 목숨도 서슴없이 빼앗아버린 악마 같은 군주.

저들이 남긴 흔적을 외면하면 우리는 찬란한 정신승리를 거둔 위선적인 승리자가 된다. 반면 그 어두운 흔적을 기억하게 되면, 당장 솟구치는 불쾌감은 방법이 없지만 우리에게 미래가 보장된다. 두 번 다시 그런 흑역사를 반복하지 않겠다는 다짐을 스스로 할 수 있으니까. 좋은 약은 입에 쓰다.

1권부터 5권까지 혹은 앞으로 나올 이후 연작까지, 불쾌한 『땅의 역사』를 쓰는 이유와 읽기를 바라는 이유는 명확하다. 세상을 바라보는 가장 정확한 눈은 직시(直視)다. 똑바로 보는 것이다.

우리들은 대개 큰 악에 대해 비겁하고 작은 악에 대해 용감하다. 사실 그 사소한 비겁과 사소한 용기가 이 땅을 지탱하는 상식적인 힘이다. 우리는 상식적이다. 하루 살기 바쁜 우리네 인생이 어느 짬에 역사에 남을 만큼 소인배적인 악을 저지르고, 대인다운 행동을 할 것인가. 다만 우리는 큰 악을 저지른 소인배에 대해 비난할 줄 알고, 큰 선을 행한 큰사람에게 박수를 보낼 줄 안다. 그런 비난과 갈채를 받을 대상들이 이 책의 주인공이다.

찬란한 5000년 역사만 알고 있는 우리를 위해 책을 썼다. 역사는 입체적이어서, 찬란하지만도 않고 추잡하지만도 않다. 그 빛과 어둠이 합쳐서 만든 역사 위에 우리가 산다. 앞으로도 우리는 그런 역사를 만들 것이다. 미래의 역사는 되도록 찬란함이 더 많았으면 좋겠다. 그러기 위해서는 옛날에 벌어진 추함을 알아야 한다. 그래야 비겁함과 무능, 실리 없는 명분으로 행했던 일들을 반복하지 않을 수 있다. 권력을 잡은 이들로 하여금 그런 추함을 저지르지 않도록 감시할 수 있다.

위대한 배달민족이 남긴 찬란한 역사만을 알고 있는 분들은 심호흡을 하고 페이지를 넘기기 바란다. 소인배의 행태에 분노하다가, 큰 사람들이 행한 덕행에 위로받기를 바란다. 역사는 우리가 우리 손으로 만든다. 이 땅에는 그 역사가 온전하게 남아 있다. 땅은 역사다.

2021년 11월.

차례

작가의 말 | 이 책을 읽는 법 ····· 008

▌1장 폭정
"내가 곧 법이니라"

01 "거스르지 말라, 죽음뿐이니라" ····· 018
   절대폭군 연산군의 막장 정치

02 그가 "내가 법이다" 하니 모두 "지당하십니다"라 하였다 ····· 028
   선왕 유모를 세 번 죽인 연산군과 그에 동조한 영혼 없는 신하들

03 연산군이 명했다 "왕을 능멸하는 사헌부 간부를 당장 국문하라" ····· 036
   조선 검찰 사헌부 잔혹사: 세종과 연산군

04 "나 양반이야, 상놈들은 집 내놓고 나가" ····· 044
   조선왕조 권력층의 부동산 폭력: 여가탈입(閭家奪入)

05 "아첨을 위해 만든 선정비를 강물에 집어던져야 합니다" ····· 054
   남한산성 비석숲에 숨은 복잡다기한 역사

06 "죽은 역적 김옥균을 즉시 능지처사하라" ····· 064
   최후의 능지처사, 김옥균

2장 당쟁

"권력은 오로지 우리만 갖는다"

01 선비 1000명 학살범은 정철이 아니라 국왕 선조였다 …… 074
  기축옥사(己丑獄事)와 적가문서(賊家文書·역적의 문서)

02 "권력과 왕비는 영원히 서인이 갖도록 하자" …… 082
  인조반정 공신들의 밀약: 숭용산림(崇用山林)과 물실국혼(勿失國婚)

03 벗들은 왜 모두 송시열에게 등을 돌렸나 …… 092
  포저 조익 묘의 비밀과 주자(朱子) 절대주의자 송시열

04 "우리 편이니, 역적이라도 처벌은 불가하다" …… 102
  송시열의 진영 논리와 소장파의 집단 반발

05 "감시받고 사느니 대문을 없애겠다" …… 110
  노·소론 갈등과 논산 윤증 고택의 비밀

06 텅 빈 비석 속에 추잡한 정치인들이 보인다 …… 120
  이경석 신도비에 숨은 노론(老論) 정치의 본색

차례

| 3장 비겁한 전쟁 - 병자호란
| "경징아, 네가 백성을 죽이는구나!"

01 아들을 인질로 내라 하자 판서들이 앞다퉈 사직하였다 ····· 130
  병자호란과 가짜의 계보 1: 도덕주의 지도자들

02 의정부 산에는 공주님이 잠들어 있다 ····· 138
  병자호란과 가짜의 계보 2: 의순공주

03 매국노 하나가 나라를 뒤흔든 시대가 있었다 ····· 146
  병자호란과 가짜의 계보 3: 매국노 정명수

| 4장 허세의 제국 - 대한제국
| 조선의 끝

01 "김성근이는 참찬시켰고, 흉도들에게는 토벌대 보냈다" ····· 158
  자기 집 일처럼 국정을 좌우한 왕비 민씨

02 예천 금당실 솔숲에 숨은 근대사의 비밀 ····· 168
  나라를 가지고 놀았던 법부대신 이유인의 일생

03 사람들은 "왜 난리가 일어나지 않을까" 탄식하였다 ····· 178
  선정비에 은폐된 구한말 부패시대

04 나라가 유학 보낸 그들을, 나라가 버렸다 ⸱⸱⸱⸱⸱ 186
　　갑오년 조선 관비유학생

05 왕이 궁(宮)을 버렸다 ⸱⸱⸱⸱⸱ 194
　　아관파천(俄館播遷)과 국가 최고지도자 고종

06 왕비, '노다지'를 팔아치웠다 ⸱⸱⸱⸱⸱ 204
　　운산금광 노다지가 미국에 넘어간 전말기

07 소공동 언덕에 하늘문이 열리다 ⸱⸱⸱⸱⸱ 214
　　대한제국 선포와 천제(天祭)를 올린 원구단(圜丘壇)

08 허세(虛勢) 가득한 날들이었다 ⸱⸱⸱⸱⸱ 224
　　대한제국 초대 황제 고종 등극 40주년 기념식

09 100년 전 서대문에는 황제만 걷는 다리가 있었다 ⸱⸱⸱⸱⸱ 234
　　그 많던 경희궁 건물은 어디로 갔을까

10 여기가 조선왕조의 시작이며 끝이었다 ⸱⸱⸱⸱⸱ 244
　　왕실에서 500년 찾아 헤맨 전주 이씨 시조 묘, 조경단

11 허세의 제국이 문을 닫았다 ⸱⸱⸱⸱⸱ 254
　　을사조약과 군함 양무호

12 망국 직전 대한제국에는 훈장이 발에 걸리도록 많았다 ⸱⸱⸱⸱⸱ 264
　　대한제국 망국기 훈장 남발 전말기

답사 안내 ⸱⸱⸱⸱⸱ 274

1장

폭정

"내가 곧 법이니라"

연산군의 놀이터, 경복궁 경회루

01 "거스르지 말라, 죽음뿐이니라"

절대폭군 연산군의 막장 정치

인천광역시 강화도 교동에 있는 연산군 유배지

지하 1000m 막장에서 땀 흘리며 일하는 분들께는 송구한 표현이지만 연산군은 그냥, 막장이다. 영민한 머리는 국가와 공동체 대신 스스로를 위해 굴렸다. 아무 노력 없이 물려받은 권력은 욕망을 채우는 데에만 썼다. 기준은 오직 하나였다. '능상지풍陵上之風', 왕을 업신여기는 풍토를 없앤다. 절대다수가 아니라고 할 때 연산군은 귀를 닫고, 폭력으로 그들 입을 틀어막았다. 조선왕조 10대 군주 연산군 이융李㦕이 한 행적을 본다.

1482년 가을 창덕궁에서 일어난 일

1482년 한가위 다음 날 성종 첫 왕비 윤씨가 사약을 먹고 죽었다. 윤씨는 성종 4년인 1473년 후궁인 숙의淑儀로 입궐해 3년 뒤 왕비가 된 사람이다. 처음에는 '성품이 부드럽고 아름다우며 마음가짐이 깊고 고요하여' 총애를 받고 왕자를 낳았으나(1476년 8월 9일, 11월 7일『성종실록』) 궁녀들을 독살하려고 하는 등 질투심이 심해 서인으로 강등됐다.(1479년 6월 2일『성종실록』) 그리고 3년이 지난 1482년 8월 16일 어전회의 결정에 따라 사약을 받고 죽었다.

정창손, 한명회, 심회, 윤필상, 이파가 후환을 없애기 위해 죽여야 한다고 했다. 이에 성종이 좌승지 이세좌에게 윤씨 집으로 가서 사사賜死하라 명했다. 독약을 먹여 죽이라는 뜻이다. 이세좌가 내의 송흠에게 물으니 "비상砒霜이 가장 좋은 독약"이라고 했다. 정7품 당하관 권주가 비상을 가져왔다. 이세좌와 권주가 윤씨 집으로 가서 윤씨를 죽였다.(1482년 8월 16일『성종실록』)

승지 이세좌가 집으로 돌아와 아내 한산 조씨에게 그날 벌어진 일을 이야기했다. 부인이 깜짝 놀라 일어나 앉으며 탄식했다. "우리 자손은 씨도 남지 않겠구나(吾子孫 其無遺類乎·오자손 기무유류호)."(이희,『송와잡설松窩雜說』)

22년 뒤인 1504년 집권 10년 차 군주 연산군은 이날 등장한 인물들을 전원 처형했다. 연산군이 폐비 윤씨의 아들이다. 비상을 추천한 송흠도, 심부름꾼 권주도 죽였다. 산 자는 조각냈고 죽은 자는 관을 부수고 시체를 조각냈다. 뼈는 갈아서 강에 날려보냈다. 죽음을 피한 자는 이세직과 동행한 내시 '조진'뿐이다. 문득 사람들은 죽음이 조석간에 있음을 알았다(人皆自分 死在朝夕·인개자분 사재조석).(1506년 9월 2일『연산군일기』)

10년을 계획한 광란(狂亂)

사람들은 말한다. 뒤늦게 자기 엄마 죽음의 비밀을 안 연산군이 폭군이 됐다고. 아니다. 왕이 된 지 불과 석 달 만인 1495년 3월 16일 연산군이 승정원에게 이리 묻는 것이다.

"성종 임금 묘지문에 있는 윤기견尹起畎이라는 자는 어떤 사람이냐? 혹시 윤호尹壕를 잘못 쓴 것이 아니냐?" "폐비 윤씨 아버지인데, 윤씨가 왕비로 책봉되기 전에 죽었습니다." 연산군은 이때 어머니 윤씨의 죽음을 알았다. 연산군은 승정원에 보관된 윤씨 폐비 및 장례 관련 서류를 열람한 뒤 이에 대해 '다시 묻지 않았다.'(1495년 4월 11일『연산군일기』)

9년이 지난 1504년, 숙성된 광기가 폭발했다.

그전 해 9월 한 술자리에서 예조판서가 연산군 소매에 술을 쏟았다. 연산군은 예조판서를 전라도 무안으로 유배 보낸 뒤 이듬해 3월 사면시켰다. 궁으로 복귀한 그에게 술을 따르며 연산군이 말했다. "네가 지난번에 쏟은 그 술이다." 예조판서가 감사하여 울었다.(1504년 3월 3일『연산군일기』)

죽다 살아난 이 예조판서가 바로 윤씨에게 사약을 들고 갔던 승지 이세좌다.

일주일 뒤 이세좌는 또 유배형을 당했다. 강원도 영월로, 함경도 경원으로 유배지가 획획 바뀌다가 한성 성문 밖에서 곤장을 맞았다. 연산군이 이렇게 그를 놀린다. "내가 형장 때리는 것이 옳지 않음을 내가 안다. 그러나 불공不恭한 자가 있는 것이 모두 네 탓이므로 죄를 주는 것이다." 이세좌는 사약형을 선고받고 4월 4일에 자살했다.

5월 2일 의금부가 죽은 이세좌 머리를 잘라와 거리에 내걸었다. 9일 연산군은 이세좌 동생 이세걸과 이름이 같았던 사관史官 이세걸을 '이충순'으로 개명시켰다. 6월 20일 이세좌 집을 부수고 연못으로 만들었다. 친인척 집도 다 헐었다. 일주일 뒤 이세좌가 재임 시절 만든 법을 모두 폐지시켰다. 다섯 달 뒤인 11월 24일 이세좌가 뽑은 과거 합격생들을 전원 탈락시켰다. 계획된 사면이고 계획된 고문이었다.

그 사이에 연산군은 성종 후궁인 정씨와 엄씨를 때려죽였다. 자기 손이 아니라 왕족 이봉과 이항을 시켜 죽였다. 봉과 항은 정씨 아들이다. 두 후궁 시신은 젓갈로 담가 산과 들에 뿌렸다. "100년 안에 처치하지 못한다면, 100년 뒤에 뼈를 가루낸들 어찌 잊겠느냐?"(1504년 3월 23일 『연산군일기』)

세자 시절 게으른 자신을 매섭게 꾸짖었던 스승 조지서趙之瑞도 죽였다. 진주에 내려가 있던 이 스승을 압송해 고문하다가 질식사하자 머리를 잘라 철물전 앞에 내걸었다. '제 스스로 높은 체하고 군상君上을 능멸한(凌蔑君上·능멸군상)' 죄였다.(1504년 윤4월 16일 『연산군일기』) 아들에게 어미를 죽이게 한 때도, 스승 목을 내건 때도 모두 한밤중이었다. 복수는 밑도 끝도 없었다. 방향도 없었다.

능상지풍(陵上之風)과 설원미진(雪冤未盡)

이세좌를 사사하던 날 연산군이 말했다. "위를 업신여기는 풍습(능상지풍 陵上之風)을 고쳐 없애는 일이 끝나지 않았다."(1504년 3월 30일『연산군일기』)

왕을 능멸하는 '능상지풍(원래는 능멸할 능凌이나 실록에는 '陵'으로 돼 있다)'.『조선왕조실록』전편에 95번 나온다. 그 가운데 57번이『연산군일기』에 나온다. 왕권王權을 방해하는 신권臣權을 용납하지 않겠다는 의지다. 왕권 수호를 들먹인 말이지만 연산군에게는 아무 곳에나 갖다 붙이고 자기 마음대로 세상을 살겠다는 핑계에 불과했다.

처음 나오는 기록은 등극 한 달 뒤다. "일마다 뜻을 모은 뒤 처리한다면 임금 권한은 어디에 있는가. 위를 능멸하는 풍습을 고치지 않을 수 없다(陵上之風 不可不革·능상지풍 불가불혁)."(1495년 1월 30일『연산군일기』) 마지막 기록은 1504년 8월 13일자다.

1504년 8월 13일 한강변 양화도에서 수영대회가 열렸다. 연산군이 강북에서 강남으로 수영 방향을 명했는데, 사람들이 거꾸로 헤엄을 쳤다. 이에 지휘관인 병조좌랑(정6품 하급관리다) 이부李阜를 파면하고 장 90대와 노역형을 먹였다. '위를 능멸하는 풍습을 통틀어 고치려는데 제 스스로 병조좌랑이라며 교만한 죄'였다.(1504년 8월 13일『연산군일기』)

연산군이 "조정에서 반드시 (요즈음 상황을) 폭정暴政이라 할 것"이라고 하자 승지들이 이리 대답했다. "다들 자기 스스로 지은 죄인데 누가 감히요." (1504년 3월 23일『연산군일기』) 한 달 뒤 연산군이 이렇게 선언했다. "억울함을 아직 다 풀지 못했다. 이런 신하들은 닭이나 개로 대우하리라."(1504년 윤 4월 21일『연산군일기』)

복수심이 폭정의 원인이 아니었다. 거꾸로였다. 폭정을 복수심과 왕권 강화로 포장해 세상을 막장으로 몰아간 것이다. 실록에는 이렇게 기록돼 있다.

"왕이 그 속에 빠져 오직 날이 부족하게 여기며 흥청 등을 거느리고 금표 안에 달려 나가 혹은 사냥, 혹은 술 마시며 가무歌舞하고 황망荒亡하였다.(1506년 9월 2일『연산군일기』)

천지사방 암흑세계

다음은 1504~1506년 연산군 시대의 각종 기록이다.

조지서와 함께 어린 연산군을 가르쳤던 허침은 살아남았다. 조지서 처형을 결정할 때도 허침은 "성상의 하교가 지당하다"고 동의했다.(1504년 윤4월 20일) 하지만 늘상 퇴근하면 매양 피를 두어 되가량 토하며 분통해 하다 죽었다.(이긍익,『연려실기술』권6,「연산조고사본말」) 신하들은 대부분 입을 다물거나 왕에 동조했다. 그러다 보니 이세좌, 윤필상, 이파 3명에 엮여 처벌된 자가 203명이었고, 나머지 30여 명의 족친은 셀 수가 없어 옥獄이 수용할 수 없었다.(1504년 11월 30일『연산군일기』) 정언正言극론極論을 하는 선비가 사라졌다.(1506년 9월 2일『연산군일기』) 정치범과 간신배만 있는 막장 정치였다.

사냥과 유흥을 위해 대궐 근처와 경기도 땅에 금표禁標를 세우고 땅을 강제로 수용했다. 임진강 건너편부터 용진, 회암, 용인까지 경기도 내 땅 반 이상이 금표에 들어갔다. 결국 충청도 고을을 갈라서 경기도에 붙였다.(1505년 5월 29일『연산군일기』) 연산군은 두모포(서울 옥수동)에 있던 동빙고를 서빙고 옆으로 옮기고 사냥터로 삼았다. 그리로 놀러갈 때 궁녀 천여 명이 따랐는데, 왕은 길가에서 간음했다(王淫于道傍·왕음우도방).(1506년 7월 18일『연산군일기』) 처형한 이파, 송흠 묘가 금표 안에 들게 되자 묘를 파헤쳐 시체를 태양 아래 두었다(시신을 노출시키는 '폭시曝屍'라고 한다).

문묘文廟도 금표 안에 들어 바깥으로 이전했다. 문묘는 기생들이 음희淫戱 하는 장소가 됐다. 명나라 사신이 오면 금표를 숨겼다. 금표를 범한 백성이 너무 많아 금표 안에 사는 사람들을 변방으로 옮기게 했다.(1505년 1월 25일, 1506년 1월 19일, 1월 21일『연산군일기』) 천지사방 막장이었다.

파멸의 씨앗, 패륜

'왕이 드디어 월산대군月山大君 이정李婷의 처 박씨 집으로 갔다.'(1504년 12월 9일『연산군일기』) 월산대군이 죽고 아내 박씨가 혼자 사는데, 연산군은 세자를 박씨에게 맡겼다. 그러다 정이 들더니 '드디어' 그 집으로 갔다. 이듬해 11월 월산대군 집(지금 덕수궁 자리)이 금표 안에 들자 이를 철회시켜주었다. 세자가 장성해 궁궐로 돌아가자 연산군은 박씨를 궁으로 들여 세자를 보살피게 했고 그러다 드디어 간통을 한(而遂通之·이수통지) 다음 그녀에게 은으로 만든 도장을 만들어주었다.(1506년 6월 9일『연산군일기』)

막장 인생 결정타였다. 월산대군은 성종의 큰형이요 연산군에게는 큰아버지다. 박씨는 바로 연산군 큰어머니다.

박씨가 은도장을 받고 나흘 뒤 남동생 무관武官 박원종이 정승 급으로 승진했다. 그때 박원종이 누나에게 말했다. "왜 참고 사는가? 약을 마시고 죽으라."(1510년 4월 17일『중족실록』박원종 졸기) 한 달 뒤 박씨가 죽었다. 사람들은 왕에게 총애를 받아 잉태하자 약을 먹고 죽었다고 말했다.(1506년 7월 20일『연산군일기』) 누나가 죽고 40일 뒤 박원종이 동지 성희안과 함께 정변

경기도 고양시 대자동에 있는 연산군의 금표. 출입금지 위반 시 사형임을 알리는 폭정의 상징

을 일으켜 연산군을 끌어내렸다. '중종반정'이다.

연산군은 강화도 교동으로 유배돼 두 달 뒤 역질로 죽었다. '아내 신씨가 보고 싶다'고 했다.(1506년 11월 8일『중족실록』) 6년 뒤 신씨는 중종에게 청원해 교동에 묻힌 남편을 양주 땅(지금으로 따지자면 서울의 방학동이다)으로 이장했다.

이 땅에 남은 이 건달의 흔적은 무덤 하나, 금표 비석 하나, 위치가 확정 안 된 유배지 표석 하나다. 그가 내다 버린 시간은 역사 속에 지저분하게 남아 있다. 땅의역사

서울 방학동에 있는 연산군 묘. 맨 뒤쪽 왼편에 있는 무덤이 연산군 무덤이다. 연산군이 죽고 6년 뒤 아내 거창 신씨가 중종에게 애원해 유배지이자 그가 묻혔던 강화도 교동에서 이장했다. 오른편은 신씨 무덤이다. 가운데는 태종의 후궁 의정궁주 조씨 묘, 사진 바깥 편 앞에는 연산군 딸 부부가 묻혀 있다.

02 | 그가 "내가 법이다" 하니
모두 "지당하십니다"라 하였다

선왕 유모를 세 번 죽인 연산군과
그에게 동조한 영혼 없는 신하들

한 번도 겪은 적 없던 폭정

연산군의 친어머니인 성종 왕비 윤씨는 질투심에 눈이 멀어 벌인 일 때문에 궁에서 쫓겨나고 훗날 사약을 받아 죽었다. 그 트라우마를 극복하지 못한 연산군은 그전, 그 뒤에도 세상이 겪어보지 못한 광적인 폭정을 거듭하다 쫓겨났다. 지도자가 자격 미달이면 참모들이 그 부족함을 채워야 하는데, 연산군 아래에는 그런 이가 드물었다. 트라우마는 포악함을 잉태하고 포악한 성정은 폭정으로 증폭됐다. 오래도록 온 백성이 학정에 신음한 뒤에야 폭정은 물리적으로 진압됐다. 그런데 폭군 아래에는 간신이 판친다. 역사 법칙이 그렇다.

#장면 1

서기 1504년 봄날 조정에서 수뇌부 회의가 열렸다. 왕은 연산군이었다. 회의 안건은 〈연산군 생모 폐비 윤씨 사사사건의 주모자 처형 문제〉였다. 주모

경복궁. 연산군과 그 무리는 궁궐을 기생 파티장으로 만들고 백성을 쥐어짜 탐욕을 채웠다. 그 와중에 연산군 아버지였던 성종의 유모 어리니는 사후에도 억울한 형을 거듭 받아야 했다.

자로 드러난 윤필상과 이극균은 이미 사약을 먹고 죽은 뒤였다. 그런데 이들은 "윤필상은 죄가 엄중한데도 목을 베지 않고 사약만 내렸고, 이극균 또한 죽을 때 반성 기미가 없었으니 사약은 부족하다"고 결론을 내렸다. 이들이 이런 결론을 연산군에게 올리자 왕이 답했다. "참시斬屍하라." 시체의 목을 베라는 명이다. 그리고 정승들은 이렇게 연산군에게 권했다. "이보다 더한 경사가 없으니 잔치를 벌입시다!" 연산군은 술을 꺼내 관리들과 파티를 벌였다.

이날 참시를 권하고 함께 잔치를 벌인 사람은 유순, 허침, 박숭질, 박건, 강귀손, 신준, 이계동, 이집, 정미수, 김수동, 김감, 안처량, 임사홍, 이점, 한형윤, 허집, 유빈, 노공유, 이복선, 성희안, 이과, 정광필, 이중현이었다. (1504년 윤4월 20일 『연산군일기』)

#장면 2

2년 뒤인 1506년 9월 6일 폭군 연산군이 쫓겨났다. 그러면서 이복동생 진성대군이 왕위에 올랐다. 왕이 된 진성대군은 쿠데타 6일 뒤 반정공신의 우두머리 박원종이 올린 공신 명단에 서명했다.(1506년 9월 8일『중족실록』)

'정국공신靖國功臣'으로 명명받은 반정공신은 모두 117명이었다. 그 가운데 이런 이름들이 보인다. 유돌순, 박건, 신준, 정미수, 김수동, 김감, 유빈, 성희안. 바로 2년 전 '#장면 1'에서 봄날 폭군에게 적극 동조하고 함께 음주 파티를 벌였던 사람들 아닌가.

'천지 사방이 내 사냥터이니라.'

1509년 편찬된『연산군일기』는 반정공신 성희안이 주도해 만든 기록이다. 그러니 반정의 정당성을 입증하기 위한 과장과 왜곡이 없을 수 없다. 연산군이 큰아버지인 월산대군 아내 박씨와 간통했다는 기록(1504년 12월 9일『연산군일기』)은 대표적인 왜곡 의심 사례로 꼽힌다. 하지만 겹겹이 포장된 과장을 걷어내더라도 그 시대는 미치광이의 시대였다.

대표적인 사례가 부동산에 얽힌 탐욕이었다. 연산군은 서울 사방 행정구역을 몽땅 폐지해버렸다. 자기 사냥터로 만들기 위해서다. 그래서 동쪽으로는 한강 건너 삼전도와 광진, 묘적산, 추현, 천마산, 마산, 주엽산으로부터 북쪽은 석점, 홍복산, 해유점까지 서쪽은 파주 보곡현까지 남쪽은 한강 노량진, 용산 양화도까지가 금표를 세운 경계였다. 동쪽 70리, 서쪽 60리, 북쪽 65리, 남쪽 10리가 국가도 아니고 왕실도 아니고 연산군 개인 토지였다.(1504년 11월 9일『연산군일기』) 실록은 '주민을 철거시켜 비운 뒤 사냥터로 삼고, 어기는 자는 목을 베 조리돌리고, 수도 주변 수백 리를 풀밭으로 만들어 금수를 기르는 마당으로 삼았다'고 기록했다. (1506년 9월 2일 『연산군일기』)

기록으로 전해오던 이 조치는 1994년 11월 경기도 고양시 대자동에서 '禁標內犯入者 論棄毀制書律處斬·금표내범입자논기훼제서율처참(금표 내에 침범한 자는 기훼제서율에 따라 참형에 처한다)'이라고 새겨진 비석이 발견되면서 사실로 드러났다. '기훼제서율'은 임금이 정한 법률을 어기는 죄다.

폭정을 작정한 삐뚤어진 왕

연산군은 "위를 업신여기는 풍습(능상지풍陵上之風)을 고쳐 없애야 한다"는 말을 입에 달고 살았다. 자기 권력에 거스르는 말과 행동 일체를 '능상지풍'이라 규정하며 자기 마음대로 살았던 지도자였다.

이미 삐뚤어지기로 작정한 왕이기도 했다. 사간원 관리 이충걸과 김승조가 "오랫동안 경연經筵(신하들과 경전을 읽는 공부)을 하지 않았으니 옳지 못하다"고 고했다. 연산군은 이렇게 답했다. "어진 신하들이 조정에 가득하니 내가 어질지 못하다고 하는 게지. 어질지 못한 내가 임금 자리나 채우고 있을 뿐인데 어진 신하들과 뻔뻔스럽게 경연을 하는 건 부끄러운 일이다. 하지 않겠다." (1504년 4월 23일 『연산군일기』) 말을 들은 신하들은 모골이 송연하지 않을 수 없었다.

세 번 처형된 여자, 어리니

뭐니 뭐니 해도 연산군 시대 가장 중대한 이슈는 폐비 윤씨와 관련된 문제였다. 폐비에 얽힌 사람들은 현대 소설가들의 상상력으로도 만들 수 없는 끔

찍한 형벌을 받았다. 경국대전에 규정된 각종 형벌 외에 연산군 대 형벌에는 손바닥 뚫기(천장穿掌), 불로 지지기(낙신烙訊), 가슴 빠개기(착흉斮胸), 뼈바르기(과골剮骨), 마디마디 자르기(촌참寸斬), 배가르기(고복刳腹) 등이 실록에 기록돼 있다. 이 가운데 죽은 자를 거듭해서 다시 죽이는 '뼈를 갈아 바람에 날리기(쇄골표풍碎骨飄風)' 형은 창의성에서는 으뜸이다. 아버지 성종 유모였던 봉보부인 백씨는 바로 이 쇄골표풍형으로 세 번이나 죽었다.

백씨의 이름은 어리니於里尼다. 성종 유모로 궁궐에 들어왔다가 1479년 왕비 윤씨의 수상한 행동을 성종에게 일러바쳤던 여자다. 훗날 연산군은 친어머니 사건을 조사하면서 어리니가 한 행동을 알게 되었다. 그리하여 1504년 4월 23일, 연산군이 이리 명했다. "모의에 참여한 어리니를 부관참시하라." 이미 어리니는 1490년 죽고 없었지만 연산군은 기어이 그녀를 관에서 끄집어내 목을 베라고 명했다. 남편 강선은 곤장 100대를 때려 유배를 보내고 재산은 몰수해버렸다.

끝난 게 아니었다. 5월 1일 승정원에서 곤혹스러운 보고가 올라왔다. "전하께서는 김제신만 목을 베서 거리에 걸라고 하셨는데, 명단 작성이 잘못돼 의금부에 어리니도 효수하라고 명이 내려갔나이다." 명단이 잘못된 것이다. 그런데 명단은 이미 연산군 결재가 난 뒤였다. 그러자 연산군은 시원하게 이리 답했다. "함께 매달아라."

그렇게 어리니는 늙어서 한 번 죽고, 부관참시로 또 한 번 죽고, 잘못된 명단으로 또 한 번 죽었다. 8월 19일 내친김에 연산군은 남편 강선의 형을 곤장에서 능지처사陵遲處死(살을 천천히 도려내 죽임)로 올리고 아들은 목을 베라고 명했다.

그런데 또 끝이 아니었다. 이듬해 1월 26일 연산군은 거리에 내걸려 있던 어리니 목과 시신을 거두어 "뼈를 부수고 가루를 강 건너에 날리라"고 명했다. '명단 착오'라는 보고가 올라왔지만 이를 깃털처럼 무시해버린 폭군은, 이미 영혼조차 없어지고 형체도 찾을 수 없는 한 여자의 시신을 바람에 날려버린 것이다. 그해 가을 어리니 남편 강선의 여종 종가從加가 강선이 허물이 없다고 주장하자 연산군은 그녀 또한 처형하라고 명했다. 실록은 "시체를 자르고 쪼개는 형벌剮剔其屍(고척기시)은 이때 비롯됐다"며 "사람을 형벌할 때 교살絞殺한 뒤 또 목을 베고, 그러고도 부족하여 사지를 찢으며, 찢고도 부족하여 마디마디 자르고, 배를 가르는 형을 썼다"고 기록했다.(1505년 10월 3일『연산군일기』)

간신들의 끝없는 구애

명분과 의리로 먹고산다는 조선 선비들로서, 이 정도 광기라면 그 자리에서 이를 통박하는 긍정적인 광기가 나와야 했다. 하지만 그렇지 못했다. 연산군이 사약을 먹인 폐비 사건 주동자 이극균과 윤필상의 목을 한 번 더 베자고 청한 이들도 그 선비들이었다. "이런 경사가 없다"며 잔치를 벌이자고 한 이들도 그 선비들이었다.(1504년 윤4월 20일, 윤4월 21일『연산군일기』)

애꿎은 어리니가 목이 잘려 거리에 매달리고 석 달이 흘렀다. 8월 16일 의금부가 이렇게 보고했다. "어리니의 동성 3촌까지 고문으로 조사했는데, 범위가 좁은 듯하나이다. 동성 6촌과 이성 4촌까지 아울러 국문하면 어떻겠나이까?" 폭군은 그리하라고 명했다.(1504년 8월 16일『연산군일기』) 어리니의 죄를 처음 끄집어내던 4월 23일, 연산군이 이를 정승들에게 물으니 모두 "성상의 하교가 지당하십니다"라고 하였다. '모든 일을 먼저 정한 뒤에 회의에 넘기니 재상들은 다시 이의가 없고 모두 하교가 지당하다고만 했다.'(1504년 4월 23일『연산군일기』)

어리니의 죄를 묻고 한 달이 채 안 된 윤4월 17일, 연산군이 자기에게 쓴소리를 해대던 스승 조지서의 처벌을 물었다. 그러자 조정 대신들은 "거만하고 패만하니 죽여야 한다"고 주장했다. 조지서는 고문으로 죽은 뒤 목이 잘려 거

연산군이 기생 파티를 벌인 경복궁 경회루

리에 걸렸다.

이 모든 일을 앞장서서 주장한 자들이 앞 '#장면 1'과 '#장면 2'에 나온 유순, 박건, 정미수, 김수동, 김감 같은 대신들이었다. 2년 뒤 진성대군을 앞세워 연산군을 타도한 자들도 바로 그 무리였다. 그들이 경회루에서 기생들과 흥청망청하는 동안 백성은 도탄에 빠져 신음했고 나라는 파탄이 났다. 이전에도 이후에도 없던 풍경이었다. 땅의 역사

03 | 연산군이 명했다 "왕을 능멸하는 사헌부 간부를 당장 국문하라"

조선 검찰 사헌부 잔혹사
: 세종과 연산군

서울 광화문광장 북쪽 끝, 대한민국역사박물관 맞은편 인도에는 '사헌부 터'라는 안내판이 박혀 있다. 조선시대 검찰 격인 사헌부가 있던 자리다. 2021년 가을 현재 광화문 광장 공사로 어수선하다.

서울 광화문 광장 동쪽에 대한민국역사박물관이 있고, 광장 건너 서쪽 인도에는 안내판이 하나 붙어 있다. '사헌부 터'라고 적혀 있다. 그 문구에는 이런 내용이 나온다. '사헌부는 왕의 언행이나 나랏일에 대해 논쟁하고 비리 관원을 탄핵하는 관청이었다(⋯)국가 기강과 관련한 큰 권한을 지녔기 때문에(⋯)'

당연히 왕과 관리들이 사헌부를 좋아할 이유가 없었다. 권력을 가진 그 누구도 눈엣가시처럼 여겼던 조선시대의 검찰 사헌부 이야기.

양녕대군 수사와 세종과 사헌부

이야기는 세종에서 시작한다. 건국 후 100년도 되지 않은 조선 왕국 조직과 이념을 정비하고 문자를 만든 왕이지만 그 또한 사헌부만은 달갑지 않았다. 특히 사헌부가 그의 측근 가운데 최측근인 맏형 양녕대군 비리 수사에 돌입하자 세종은 학을 떼고 사헌부를 와해시키는 전제 권력을 발휘했다.

1418년 6월 3일 조선 3대 국왕 태종은 세자 양녕대군(이제李禔)을 폐하고 막내아들 충녕대군을 왕세자로 삼았다. 둘째 효령대군도 세자 후보였으나 '술이 약해서 중국 사신을 접대하지 못한다'는 이유로 탈락했다.(1418년 6월 3일『태종실록』)

양녕은 다른 사람 첩인 어리於里를 강제로 자기 첩으로 빼앗아 임신을 시키는가 하면(1418년 3월 6일『태종실록』), "아버지는 첩을 마음대로 두고 아들은 못하게 하니, 득보다 실이 많을 것"이라고 반협박조로 편지를 보내기도 했던 권력자였다.(1418년 5월 30일『태종실록』) 그 외에 구차하고 숱한 이유로 태종은 양녕을 광주로 쫓아버렸다.

그때 그가 내린 명은 이러했다. "내가 죽은 뒤에도 양녕은 서울에 내왕하지

'성군'으로 칭송받는 세종대왕. 하지만 권력자로서 세종은 어두운 그림자 또한 가지고 있었다. 사진은 서울 광화문광장에 있는 세종대왕상이다.

못한다."(1427년 5월 8일『세종실록』) 이유는 '간사한 소인들이 교묘하게 꾸며댈 것을 염려함', 그러니까 왕권에 대한 도전을 우려한 때문이었다.

양녕은 이 영구추방령을 수시로 어기며 도성에 출입했다. 그때마다 국왕 세종은 이를 묵인했다. 세종 10년인 1428년 마침내 왕자의 난 때 공신이었던 윤자당의 첩 윤이閏伊를 양녕이 건드렸다. 이 사실이 발각돼 윤이가 옥에 갇히자 양녕은 병에 걸렸다며 자리에 드러누웠다. 세종은 경기도 이천으로 옮긴 양녕에게 내시와 왕실 주치의를 보내 치료하게 하고 윤이를 석방했다.(1428년 1월 12일『세종실록』) 이틀 뒤 양녕은 "(제대로 처리해주지 않으면) 전하와 영원히 이별하겠다"고 민원을 넣었다.(1428년 1월 14일『세종실록』)

15일 사헌부 종3품 집의 김종서가 왕에게 상소했다. "태종이 온갖 방법으로 교회했으나 뉘우치지 못했기에 외방에 양녕을 폐출하고 '내가 죽은 뒤에는 서울에 왕래할 수 없다'고 했다. 지금 간통해서는 아니 될 여자에게 간음하여 스스로 국법을 자청했으니, 우애도 좋지만 공도公道를 좇아달라." 세종은 윤허하지 않았다.

끝없는 탄핵 소추와 세종의 거부

사헌부 학살의 시작이었다. 다음 날 김종서가 세종에게 대놓고 진행상황을 물었다. 세종이 답했다. "그대들뿐만 아니라 상소한 사람이 많았다. 하지만 너무 심하지 않은가." 김종서가 재차 요구했다. "왕의 형제는 형제가 아니라 신하이니, 마땅히 추국해야 한다." 세종이 미적대자 사헌부는 즉석에서 또 상소를 올렸다. "윤허를 얻지 못하니 분격함을 건디지 못하겠다. 대의로써 결단하시라." 세종은 '윤허하지 아니했다.'(1428년 1월 16일『세종실록』)

다음 날 사헌부는 물론 사간원 관리들까지 세종에게 양녕을 처벌하라고 요구했다. 1월 18일 하루 동안 자그마치 열다섯 번 이어진 처벌 요청에 세종은 짜증을 내며 이렇게 말했다. "세 번 직언을 해도 듣지 않으면 사표를 낸다고 했거늘, 당신들이 그만두면 되지 어찌 말이 많은가." 그러자 사헌부와 사간원 전원이 모두 물러가 사표를 제출했다.(1428년 1월 18일 『세종실록』) 다음 날 세종이 사표를 반려하고 이들을 소환했다. 사헌부 집의 김종서가 말했다. "죽기를 작정하고 다시 처벌을 요청한다." 그날 두 기관 간부들이 올린 처벌 요청은 모두 13회였다.

세종의 사헌부 학살극

2월 7일 세종은 사헌부 수장인 대사헌 김맹성을 파면하라고 명했다. 김맹성은 형조참판으로 전격 좌천됐다. 집의 김종서는 농사와 농지 담당관인 전농윤으로 좌천됐다. 장령 윤수미와 양질은 파면됐다. 그렇게 일이 끝나는 줄 알았으나 아니었다. 2월 20일 사간원 헌납 최효손과 새로 사헌부 장령에 임명된 진중성이 또 양녕을 처벌하라고 요구한 것이다.

그리하여 천하의 성군이라는 세종이, 권력자의 민낯을 드러내고 말았다.

사흘 뒤인 2월 23일 전 장령 윤수미와 양질, 전 집의 김종서, 전 대사헌 김맹성이 의금부에 전격 체포됐다. 이들은 '일찍이 사헌부 부원으로 발령났을 때 세금 포탈범을 눈감아 준 혐의'를 받았다. 당시 함께 사헌부에 근무했던 김연지도 체포됐다. 양질과 김연지는 세종의 허락하에 각각 2차례와 1차례 고문까지 받았다.(1428년 2월 7일~29일 『세종실록』) 김종서가 사헌부에 발령이 난 해는 1419년이니 무려 9년 전 비리를 들춰내 입을 막아버린 것이다.

하명수사를 진행한 의금부는 체포 일주일 뒤 사건의 전모를 발표하고 양질에게는 곤장 100대에 해당하는 벌금형과 유배형을, 김종서와 윤수미에게는 곤장 80대에 해당하는 벌금형을 선고했다. 김맹성과 김연지는 관직에서 파면됐다.(1428년 2월 30일 『세종실록』) 쫓겨난 사헌부 관리들은 훗날 중앙 요직으로 대부분 복귀했지만, 세종은 끝까지 법과 우애 사이에서 우애를 택했다.

연산군의 사헌부 고사 작전

그리고 우리의 연산군이다. 연산군은 등극한 지 10년째인 1504년 광기가 극에 달했다. 친어머니인 왕비 윤씨 폐비사건에 연루된 모든 인물을 극형으로 처벌하고 이미 죽은 자는 관에서 꺼내 다시 죽였다. 죽일 사람이 없어지자 그 칼날을 사헌부에 돌렸다. 이미 언급한 대로, 사헌부는 '국가 기강을 위해 왕의 언행이나 나랏일에 대해 논쟁하는' 기관이 아닌가.

1504년 봄날, 연산군 애첩인 장녹수가 이웃집들을 철거해 땅을 빼앗았다가 사헌부에 적발됐다. 연산군이 말했다. "사헌부가 민원을 빙자해 개인 간 계약에 간섭했다. 이는 위를 능멸하는 풍습을 선동하는 행동이다." 대신들은 "매우 잘못했으니 가두는 것이 마땅하다"고 했다. 선동가로 낙인찍힌 대사헌 이자건, 대사간 박의영, 집의 권홍, 사간 강숙돌, 장령 이맥과 김근사, 지평 김인령과 김철문, 정언 김관은 곧바로 구속됐다. 사헌부는 물론 사간원까지 떼로 체포된 것이다.(1504년 3월 12일 『연산군일기』)

닷새 뒤 연산군이 명했다. "폐비 윤씨에게 사약을 줬던 이세좌가 유배형에서 풀려났는데, 이 자를 찾아간 자들의 명단을 적으라." 승지 이계맹이 답했다. "사헌부에 사람이 없나이다." 사헌부 인력이 떼로 구속돼 텅 비는 지경에 이른 것이다. 연산군이 답했다. "의금부에서 맡으라."

이제 정국 주도권은 왕 직속 수사기관인 의금부로 넘어갔다. 의금부는 사헌부는 물론 민간까지 뒤지며 공포정치를 수행했다. 그해 12월 연산군은 의금부에게 "매질을 잘하는 자를 골라서 수사를 맡기라"고 명했다. 수사가 미진하면 의금부 고위 관리까지 처벌하도록 하고, 그 규정은 사헌부가 마련하라고 지시했다. (1504년 12월 16일 『연산군일기』)

폐지된 사헌부

그리고 1504년 12월 26일 마침내 연산군은 삼사三司라 불리는 홍문관과 사헌부 지평과 사간원 정언을 모조리 없애버리고 이들을 모두 하급 관리인 낭청으로 강등시켰다. 대신들은 모두 "성상의 하교가 지당하십니다"라고 했다.

이듬해 연산군 명으로 대제학 김감이 쓴 삼사 혁파문에는 '아랫사람이 말할 바가 아님에도 감히 뜻을 고집하니 이 버릇을 고치지 않으면 임금을 손 위에 놓고 권력이 이들에게 돌아가리라'라고 적혀 있다. 연산군은 혁파문을 목판으로 새겨 보존하라고 지시한 뒤 승정원 정원에게 물었다. "당 현종이 노는데 열중해 정치를 소홀히 했다는데, 지나친 평가가 아닌가?" 정원이 답했다. "지당한 말씀이나이다." (1505년 1월 13일 『연산군일기』)

이빨이 빠진 사헌부는 시녀로 전락했다. 고위직 비리 척결 대신 대궐을 향해 손가락질을 하거나 무리를 지어 얘기를 나누는 자들을 단속하고(1504년 9월 10일 『연산군일기』) 대궐을 등지거나 쭈그려 앉은 자를 체포하고 이를 알고도 신고하지 않은 자 또한 찾아내는 일이 사헌부에게 맡겨졌다. (1505년 5

이 모두의 죄목은 '위를 능멸하는 풍습'이었다. 비리 지적에 거침이 없던 사헌부는 기존에 왕에게 올린 보고서가 무례하면 고문을 당하거나 부관참시되는 신세로 전락해버렸다. (1505년 6월 19일 『연산군일기』: '산 자는 형신刑訊하고 죽은 자에게는 처치하는 상법常法이 있느니라')

연산군 11년 이후 실록에는 사헌부에 관한 내용이 전혀 보이지 않는다. 국가기관이자 감찰기관이 사라지고 만 것이다. 왕권은 이제 무소불위無所不爲였다.

1506년 9월 1일 연산군은 경복궁에서 대비大妃를 위해 잔치를 열었다. 참석한 사람들 가운데 승정원 승지들에게 연산군이 명했다. "승지들은 큰절을 하지 말고 앉아서 예의를 잃은 자들을 찾아내라." 폭군의 마지막 명령이었다. 다음 날 연산군은 축출되고 중종이 즉위했다.

한 달 뒤 연산군 때 수없이 구속되고 고문당했던 전 사헌부 장령 류숭조가 중종에게 말했다. "사헌부의 말은 국가를 위한 것이고 대신들 말은 권력을 위한 것이니 사헌부 말을 쾌히 따르소서."(1506년 10월 3일 『중종실록』)

『연산군일기』를 저술한 중종반정 공신들은 이렇게 기록했다. '대신 반열에 있는 자들은 방관할 뿐 어찌할 수 없었다. 총애를 탐내며 화를 두려워함이 날로 더하여 사직을 보전할 계책을 도모하는 자는 아무도 없었다.'(1506년 9월 2일 『연산군일기』) 어찌할 수 없었다고? 사헌부가 폐지될 정도로 직언을 할 때, 폭군 앞에서 입만 열면 "지당하십니다"라고 읊조리던 그 자들이 다람쥐 꼬리만한 염치는 있어서 끄적거린 변명에 불과하다. 공의를 앞세웠다가 학살당한 조선 검찰 사헌부 이야기였다. 땅의역사

04 "나 양반이야, 상놈들은 집 내놓고 나가"

조선왕조 권력층의 부동산 폭력
: 여가탈입(閭家奪入)

서기 1392년 7월 17일 원나라 다루가치 이자춘의 아들 이성계가 새 나라 조선의 왕위에 올랐다. 한 달 뒤 이성계는 한양漢陽으로 천도를 선언했다. 이 듬해 2월 15일 명나라로 떠났던 사신 한상질이 돌아와 명나라 예부禮部 자문을 이성계에게 바쳤다. 예문에는 "동이東夷 국호는 조선朝鮮으로 하라"고 적혀 있었다. 황제국으로부터 국명을 받은 이성계는 한상질에게 토지 50결을 하사했다.(1393년 2월 15일 『태조실록』)

2년이 지난 1395년 6월 6일 새 나라 조선 정부는 한강변에 조성한 새 서울 이름을 한양에서 '한성漢城'으로 개칭했다. 개경에 살던 문무백관과 백성도 무리지어 신도시 한성으로 몰려들었다. 새 정부는 한성을 왕도王都이자 관료집 단의 거주지로 구상했다.(이신우, 「18세기 서울의 주거문제와 도시확장책」, 연세대 석사논문, 2006)

그런데 한성은 이들이 살기에도 좁았다. 그리하여 새 나라 새 정부는 아전

영조 때 열린 과거에는 자그마치 11만 명이 넘는 응시생이 서울로 몰려들었다. 그때 서울 인구는
20만~30만 정도였다. 그럴 때면 정부는 민가를 철거해 과거시험장을 만들어야 했고, 과거에 급
제해 벼슬아치가 된 선비들은 서울 여염집을 마음대로 빼앗는 '여가탈입' 작태를 수시로 벌였다.
[국립중앙박물관]

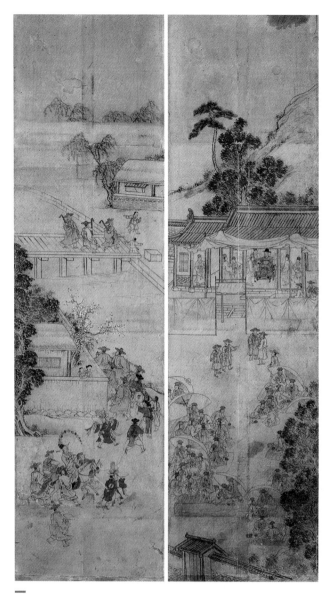

국립중앙박물관에 있는 작자 미상 '평생도〈平生圖〉'. 돌부터 죽음까지 사람의 일생을 그린 작품이다. 과거에 급제해 마을을 도는 그림 옆에 과거시험장 그림이 그려져 있다. [국립중앙박물관]

들과 백성을 건주見州로 옮기고 양주군楊州郡이라 고쳤다.(1395년 6월 6일『태조실록』) 그러니까, 신도시 한성에 살고 있던 백성은 영문도 모른 채 양주로 강제 이주당한 것이다. 좁아터진 한성에 인구가 폭발하면서 조선 사회에 만연했던 부동산 폭력 '여가탈입閻家奪入(여염집 강제로 빼앗기)' 이야기.

개국 초부터 터진 땅 싸움

신도시로 천도를 한 뒤 조선 정부는 전·현직 관리에서 서민에 이르기까지 집터를 두루 나누어 주었다. 기준은 현직 정1품에게 주는 60부負다. 그러자 실무진에서 이의가 들어왔다. "신도읍 면적은 5백여 결結에 불과한데, 60부를 기준으로 하면 문무 현직도 모자라고 서민에게 땅이 돌아가겠습니까?" 그래서 정1품에게 줄 땅을 35부로 줄인 뒤 6품은 10부, 나머지 서민은 2부씩 집터를 분배받았다.(1395년 1월 14일『태조실록』) 1부는 '곡식 한 짐을 추수할 수 있는 면적'이다. 세종 때 만든 등전척等田尺에 따르면 비옥한 1등급 땅 1결은 100부다. 즉, 한성 신도시 주택용지 총면적은 5만 부였다.

이미 땅 싸움은 시작되고 있었다. 신도시 건설을 맡은 종2품 판개성부사 이거인이 정4품인 이조의랑 최사위가 받은 땅을 빼앗으려다 미수에 그친 것이다. 그러자 이거인은 명예직인 검교중추원부사 최융의 집을 빼앗아버렸다.

백주대낮에 남의 집을 가로챘으니 처벌이 뻔했다. 기록을 본다. 간관諫官 장지화가 '(땅을 빼앗아) 그의 처자妻子로 하여금 추위를 무릅쓰고 통곡하게 한 죄'를 물어 처벌을 요구했다. 그러자 임금은 "이거인은 원종공신原從功臣이니 파면만 허락한다"고 답했다.(1395년 1월 8일『태조실록』) 처벌은 없었다.

뒤로도 호시탐탐 남의 집을 노리고, 자기 집을 넓히는 사례가 속출했다. 세종은 아예 "사대부 집처럼 넓은 서민 집과 궁궐처럼 넓은 사대부 집은 온당치 않다"며 왕족은 50칸, 대군은 60칸, 2품 이상은 40칸, 이하는 30칸, 서민은 10칸으로 집 면적을 제한해버렸다.(1431년 1월 12일 『세종실록』)

부동산 마니아, 연산군

한성은 '수선首善'이라고도 했다. '으뜸가는 선'이라는 뜻이다. 그런데 그 도시 속에서 벌어지는 탐욕은 이름과 거리가 멀었다. 수선 한가운데 살던 패악한 임금 연산군은 부동산 탐욕도 으뜸이었다.

그가 저지른 부동산 강탈 사례는 실록을 뒤덮는다. 경기도 고양, 김포 일대 주민을 강제 이주시키고 자기 사냥터로 만든 권력자였다. 특히 자기가 사는 경복궁 주변 민가에는 '궁궐을 엿본다'는 이유로 극도의 증오감을 보였다. 그에게 달라붙은 간신들도 한몫했다.

'왕이 물었다. "대궐이 내려다보이는 인가를 전에 철거하려다가 중지했는데, 철거하는 것이 옳지 않겠는가?" 승지들이 아뢰기를 "안집을 내려다본다면 누가 좋다고 여기겠습니까" 하였다.'(1503년 11월 2일 『연산군일기』) 사흘 뒤 연산군이 말했다. "집 헐리는 사람에게 무명을 조금씩 나눠줘서 나라의 뜻을 알게 하라." 정부는 집 크기에 맞춰 50필부터 10필까지 보상액을 정했다. 다음 날 연산군이 뜻밖에 철거작업을 연기시켰다. "한창 춥고 언 날씨 탓에 집 헐기가 어려우니 사람만 내보내고 봄에 작업하라." 11월 9일 연산군은 성균관 유생들의 화장실이 창덕궁 후원과 가깝다며 이전을 명했다.

이에 각계각층의 철거 불가 상소가 잇따랐다. 왕은 "모르는 것은 아니나, 부득이한 일"이라며 강행을 지시했다. 11월 11일 "헐긴 헐지만, 보상으로 내

경복궁 서문인 영추문. 연산군은 재위 동안 900채가 넘는 궁궐 주변 민가를 강제로 철거시켰다.

린 무명이 너무 적으니 쌀을 더 주시라"고 아래에서 보고가 올라왔다. 연산군은 허락하지 않았다.

이후 일주일 동안 셀 수 없이 많은 상소와 반대 의견이 연산군 귀를 때렸다. 그러자 연산군이 최후통첩을 내렸다. "불쌍해서 봄으로 미뤘더니 너희들이 시끄럽게 구는구나. 얼른 철거해버리면 너희들이 무슨 반대를 하겠는가. 급속히 철거하라."(1503년 11월 17일『연산군일기』) 그해 겨울, 서울 한복판에서 강제철거 대작전이 진행됐다.

이듬해 7월 또 성균관 주변과 동소문 어귀 민가 143채를 철거하라고 명을 내린 뒤 연산군이 말했다. "여염이 불쌍하고 가엾다. 보상으로 쌀을 내리고,

심한 자는 베를 더 주어라." 그러나 말만 있었을 뿐, 실제 배상은 이뤄지지 않았다.(1504년 7월 13일 『연산군일기』) 그렇게 연산군 재위 기간에 궁궐 주변에서 철거된 집이 990채였다.(1504년 7월 28일 『연산군일기』)

멋대로 집 뺏기, 여가탈입

개국 때 한성 영역은 동서남북 사대문 안쪽이 전부였다. 그 좁아터진 도시로 사람들이 모여들자 1424년 세종 때 동대문 바깥에 새로 택지를 만들어 사람들에게 나눠주었다.(이근호, 「17, 18세기 여가탈입을 통해 본 한성부의 주택문제」, 『도시역사문화』 2호, 2004)

연산군이 벌인 짓은 미친 권력자가 벌인 돌연변이 같은 패악으로 치부해도 좋겠다. 문제는 그 비좁은 서울 땅을 확보하기 위해 백성을 상대로 무차별적으로 패악질을 벌인 고관대작 양반들이었다. 권력을 배경으로 힘없는 여염집을 강탈하는 이 버릇을 '여가탈입'이라고 한다.

1535년 2품 벼슬아치 송숙근이 남의 집을 빼앗았다가 적발됐다. 중종은 처벌을 불허했다.(1535년 10월 4일 『중족실록』) 광해군 때는 '사대부가 여염집을 빼앗고 매질까지 하는 일이 많아 백성이 원통해한다'는 보고가 올라오기도 했다.(1615년 8월 2일 『광해군일기』) 2년 뒤에는 종9품짜리 무관직인 초관哨官 김충일이 나인內人(궁중 시중)들이 사는 집을 빼앗고 그 가족과 노비들을 몽땅 가둬버렸다. 광해군은 "폐습이 고질화됐으니 몹시 한심스럽다"며 엄단을 지시했다.(1617년 2월 3일 『광해군일기』)

왜란과 호란 이후 사회가 안정되면서 17세기 서울 인구가 급증했다. 여가탈입 또한 급증했다. '조정 관리 하나가 가마를 타고 여장을 한 뒤 상인 집에 돌입해서는 그대로 빼앗아 살고 있는' 일이 보고되고(1663년 5월 22일『현종실록』), '전염병이 돌자 사대부가 여염집을 빼앗아 들어갔다'는 보고도 올라왔다. 병조좌랑 이자는 상인과 역관 집을 차례차례 빼앗아 골라서 들어가 살다가 파직됐다.(1719년 8월 29일『숙종실록』) 상인과 역관은 재산이 있는 집이니, 동산과 부동산을 몽땅 차지하겠다는 심보였다. 심지어 대검찰청 격인 사헌부 전직 지평 윤경주도 여가탈입죄로 노역형에 처해졌다.(1746년 7월 4일『영조실록』)

여가탈입 엄금령과 "우리 편 아닌가"

1754년 영조 정부는 남의 집을 강탈한 사대부 20여 명을 적발해 처벌하고 그 책임을 물어 한성 판윤 어유룡을 파면한다.(1754년 6월 27일『영조실록』) 여가탈입이 끝없이 사회문제가 되자, 1754년 영조는 여가탈입을 저지른 관리는 2년 금고형을, 일반 사대부는 과거 응시자격 박탈 6년형을 내리라고 명했다.(1754년 7월 16일『영조실록』)

그런데 영조가 모두에게 엄격하지는 않았다. 1731년 여가탈입 금지령을 어긴 정승 1명이 적발됐다. 영조는 "의법조치하라"고 명했다. 다음 날 정승 정체가 밝혀졌다. 영조가 절대적으로 신임하는 영의정 홍치중이었다. 영조는 '온화한 비답을 내려 위로하고 관련자들을 사면했다'(1731년 7월 15일, 16일『영조실록』) 사면한 직후 영조는 아예 여가闆家 매매를 금지한다고 선포했다. 1785년 정조 때 완성된『대전통편』은 형법에 '여가탈입자는 3년 노역형徒三年에 처한다'는 규정을 삽입했다. 우리 편을 봐준 다음 포함시킨, 속이 들여다보이는 규정이었다.

20만 도시에 과거 응시생 10만 명

'시골사람은 물론 선비나 서민도 조금이라도 여유가 있으면 기필코 서울에 살려고 하다가 가산을 탕진해버린다. 이 모두가 양반이 되고자 하기 때문이다'(유수원, 『우서』8권, 「논상판사리액세규제論商販事理額稅規制')

세기를 넘긴 서기 1800년 음력 3월 21일 서울에서 과거시험이 열렸다. 과거시험장은 광화문 육조거리 예조(현 정부서울청사 부근)를 비롯해 세 군데에 설치됐다. 예조에 설치된 시험장은 북으로는 광화문, 남으로는 경조부(현 주한미국대사관)까지 닿았다. 참가자는 3만 2598명이었다. 별도로 실시된 무과에도 3만 5891명이 응시했다. 세 시험장에 모인 전체 문과 응시자는 11만 1838명이었다.(1800년 3월 21일『정조실록』)

다음 날까지 과거가 이어졌다. 이튿날 모인 문과 응시생은 10만 3579명이었다. 그러니까, 인구 20만 명짜리(혹은 30만 추정) 도시에 연 인원 20만 명이 넘는 응시생이 쏟아진 것이다. 이들은 여관이 부족하면 민가에 들어가 잠을 청하고, 시험장에는 글을 대신 써주는 이, 자리를 미리 잡아주는 이까지 대동해 들어가 시험을 보고 돌아가곤 했다. 정부는 민가를 철거해 과거시험장을 만들어야 했다.

1679년 숙종 23년에는 기와집 79칸, 초가 45칸을 작은 보상비를 주고 철거해 시험장을 확보했다. 땅은 국유지라 보상하지 않았다. 철거민 가운데 집을 구하지 못한 주민은 개천변에 움집을 짓고 사는 천상거민川上居民으로 전락할 수도 있었다.(원창애, 「문과 운영이 서울지역에 미친 영향」, 『향토서울』67호, 2006) 이 모두가 주기적으로 벌어지는 선비와 정부의 여가탈입 행태였다.

왜 서울인가, 왜 빼앗나.

'벼슬길에 나갔을 때에는 빨리 높직한 산언덕에 셋집을 내서 살고, 벼슬에서 떨어지면 빨리 서울에 의탁해 살 자리를 정하여라. 내 뒷날 계획은 오직 서울 십 리 안에서 거처하는 것이다. 만약 가세가 쇠락하여 도성으로 깊이 들어가 살 수 없다면 모름지기 잠시 근교에 머무르며 과수를 심고 채소를 가꾸어 생계를 유지하다가, 재산이 좀 넉넉해지기를 기다려 도심의 중앙으로 들어가더라도 늦지는 않을 것이다.'

출세하려면 무조건 서울에 살라는 말이다. 이 말을 자기 아이들에게 가훈처럼 던져준 사람은 다산 정약용이다. 『여유당전서』 문집 18권에 있는 '두 아이에게 주는 가계(시이아가계示二兒家誡)'다. '도성에서 몇십 리만 벗어나도 태고의 원시사회가 되어 있다'는 게 정약용이 분석한 서울 부동산과 문명과 입신양명의 법칙이었다. 예전이나 지금이나 서울은, 꿈의 도시였다. 왕의역사

05 | "아첨을 위해 만든 선정비를 강물에 집어던져야 합니다"

남한산성 비석숲에 숨은 복잡다기한 역사

남한산성 남문 입구에 있는 비석숲. 남한산성과 인연이 있는 고관대작들 공덕비다. 시대를 풍미한 흥선대원군 선정비가 2기, 다른 의미로 시대를 풍미한 민씨 척족 권력자 민영소 공덕비도 있다.

경기도 광주 남한산성 남문 입구에 비석숲이 있다. 산성 안팎에 서 있던 각종 선정비善政碑를 모아놓은 곳이다. 디귿 자로 도열해 있는 비석은 모두 30기다. 조용하다. 방문객 동선에서 살짝 비켜나 있다. 선정비는 선정善政을 베푼 수령에게 백성이 주는 선물이다. 그런데 과연 그럴까. 알아보자.

공무원 체크리스트, 수령칠사(守令七事)

시대를 막론하고 세상이 문명계로 진입하면 사회를 다스리는 규율이 생기고 규율을 집행하는 국가조직이 운영된다. 집행하는 자는 공무원이다. 사회

기강을 바로잡고 국가가 필요한 세금을 거두려면 그 공무원의 기강이 서 있고 부패하지 않아야 한다. 그래서 문명국가라면 응당 공무원계를 감찰하는 제도 또한 운영했고 운영한다. 예컨대 이런. '매년 말 관찰사는 수령칠사守令七事의 실적을 왕에게 보고한다. 칠사는 논밭과 뽕밭을 성하게 하고(農桑盛·농상성)·인구를 늘리고(戶口增·호구증) 학교를 일으키고(學校興·학교흥) 군정을 바르게 하고(軍政修·군정수) 부역을 고르게 하고(賦役均·부역균) 송사를 간명하게 하고(詞訟簡·사송간), 간사하고 교활한 풍속을 그치게 하는 것(姦猾息·간활식)이다.(『대전통편』, 「이전吏典」, '고과考課')

수령이 해야 할 일곱 가지의 업무 고과 체크리스트다. 이 고과에 합격한 수령은 더 기름진 마을의 수령으로 영전하거나 포상을 받았다. 주민은 선정비를 세워 그들을 기렸다. 선정비 이름은 영원히 잊지 않겠다는 '영세불망비永世不忘碑', 떠나도 생각하겠다는 '거사비去思碑', 자기네를 아끼고 사랑해줬다는 '애휼비愛恤碑' 등등이다. 매우 큰 업을 쌓아 이별하기 싫어 운다는 '타루비墮淚碑'도 있다. 전남 여수 진남관에 있는 충무공 이순신 타루비가 그 예다.

그런데-.

분기탱천한 영조

박문수가 아뢰었다. "평양에서 보니 앞뒤로 살아 있는 감사 사당(생사당生祠堂)과 선정비가 부지기수였습니다. 오로지 습관처럼 아첨하고 기쁘게 하려고 돈을 거둬 폐단이 끝이 없습니다. 마땅히 대동강에 비석을 던져버려야 합니다." 그러자 영조가 이리 말했다. "상원군수 이화 생사당은 내가 일찌감치 없애라 했거늘, 위가 탁하니 아래도 맑지가 않구나(上濁下不淨·상탁하부정)!

저따위 감사가 어찌 아랫것에게 선정비를 금하랴. 현직 감사를 엄히 감찰하라."(1735년 1월 3일『승정원일기』)

이후 영조는 온갖 분야에 추상 같은 규율을 잡아나갔다.(영조가 벌인 상상을 초월한 규율잡기는『땅의 역사』4권 4장 '판결 따위 필요 없다, 모조리 죽여라' 편 참조) 결국 훗날 영조는 선정비를 세운 사또는 물론 숨어 있던 선정비를 발견한 사또까지 왕명 위반으로 규정해 중형을 내리도록 규정했다.(1766년 6월 5일『영조실록』)

난세 때마다 폭증한 선정비

안 그런 선정비도 물론 많지만, 선정비는 학정의 상징이다. 2007년 충북대 교수 임용한이 경기도 안성과 죽산의 역대 수령 305명 가운데 현존하는 선정비 주인공 57명을 분석해보니 8%만이 '수령칠사'에 의해 우수 수령 자격이 있는 사람들이었다.(임용한, 「조선 후기 수령 선정비의 분석」,『한국사학보』26집, 고려사학회, 2007) 역대 조선 정부에서도 이를 모를 리 없었다.

처음 선정비 문제가 공론화된 때는 쿠데타로 왕위에 오른 인조 때였다. 인조 9년에 "요즘 조금도 공이 없는 지방관들이 나무로, 돌로 비석을 세우고 있어 문제"라는 보고가 올라왔다.(1631년 12월 12일『인조실록』) 그전까지는 드문드문 세워졌던 선정비가 곳곳에 서고 있다는 보고였다. 인조 정부는 이에 대해 아무 조치를 취하지 않았다.

그리고 현종 때인 1663년 처음으로 왕명으로 '선정비 건립 금지령'이 떨어졌다. 1664년에도 또 금지령을 내렸다. 그래서인지 현종 때 선정비는 이전에 비해 그 수가 급감했다. 경기도 과천, 안성, 죽산 세 고을은 현종 재위 기간에 세운 선정비는 단 하나도 없다.

하지만 그 누가 자기 치적 과시를 솔선수범해서 멈추겠는가. 숙종 10년인 1684년 또 선정비가 즐비하다는 보고가 올라왔다. 숙종은 "금한 일이 이어지니 해괴하다"며 1663년 이후 세운 선정비들을 모조리 없애라고 명했다.(1684년 8월 3일 『숙종실록』) 막강 권력자 숙종이 칼을 갈자 또 선정비는 자취를 감췄다. 영조가 아예 왕명 위반죄로 다스리겠다고 엄포를 놓으면서 그 숫자는 더 줄어들었다.

민란民亂의 시대, 19세기가 왔다. 조선왕국의 기저질환인 삼정문란이 극에 달하던 시대였다. 선정비는 1863년 고종 즉위와 함께 급증했다. 심지어 한 사람을 위해 여러 개 선정비를 세우는 일까지 벌어졌다. 재위 기간이 비슷한 숙종 때의 7배, 영조 때의 8배다.(임용한, 「조선 후기 수령 선정비의 분석」, 『한국사학보』 26집)

폭력적으로 정권을 교체한 인조 때, 그리고 혼탁한 국정이 극에 달했던 고종 때 이 선정비들이 팔도에 출몰한 것이다. 갑자기 선량한 목민관이 출현했을 리 만무하니, '수령칠사'가 수령 본인 혹은 주변에 달라붙은 모리배에 의해 농단당했음을 보여주는 증거가 그 시대 땅에 꽂힌 비석들이다.

각양각색 선정비

대표적인 증거가 1893년 고부군수 조병갑이 세운 아비 조규순 영세불망비다. 멀쩡하게 있던 비석을 없애고 값비싼 오석烏石으로 새 비석을 만든 뒤 비각碑閣 건립 명목으로 군민에게 1000냥을 뜯어낸 비석이다. 이는 이듬해 동학농민전쟁의 불씨가 됐다.

전북 정읍에 있는 조병갑 아버지 조규순 영세불망비(왼쪽, 1894)와 문경새재에 있는 문경현감 이인면 마애 애휼비(오른쪽, 1889). 조규순 영세불망비는 동학농민전쟁을 불당긴 역사적 비석이다.

충북 보은에 있는 선영홍 시혜비. 대한제국 때 비서원경이었던 선영홍은 소작농가에 소작세를 면제해주고 땅을 나눠줬다.

쇠, 바위, 비석 등등 모양도 재질도 다양하고 새겨넣은 진의眞意도 다양하다.

문경새재에는 문경현감 이인면李寅冕 애휼비(1889년)가 바위에 새겨져 있다. 보기 드물게 바위에 새긴 마애비摩崖碑다. 이인면은 '세금을 공평하게 거두고 벌금을 적게 부과해 칭송받은' 수령이었다.(1886년 4월 29일 『승정원일기』)

충북 보은에 있는 선영홍宣永鴻 선정비(1922년)는 대한제국 비서감경이었던 선영홍이 고향 고흥 소작민들에게 땅을 나눠주고 세금을 스스로 부담한 덕으로 소작민들이 세운 공덕비다. 철로 만들었다. 그 옆에는 그 아들 선정훈이 자기 집에 학교를 짓고 흥학興學을 한 공덕비가 서 있다. 관선정觀善亭이라는 이 학교에서 한학 대가 임창순이 공부했다.

다시 남한산성 비석숲에서

그러면 남한산성 비석숲은 무슨 사연이 숨어 있다는 말인가. 입구 왼쪽 맨 처음 서 있는 비석은 홍선대원군 영세불망비다. 세운 날짜는 청나라 연호로 동치 3년, 1864년이다. 고종이 등극한 이듬해다. 세도가 하늘을 찌르기 시작할 때인지라 '대원군'이 아니라 '대원위 대감'이라 새겨져 있다. 황현은 대원군 시대를 일러 '위세가 우레와 불 같아서 모든 관리와 백성이 두려움에 휩싸여 항시 법을 두려워했다'고 했다. 하지만 그가 실각하고 왕비 민씨 세력이 권력을 잡은 뒤로는 '민씨들 착취를 견디다 못해 한탄하며 대원군의 정치를 그리워했다'고 했다.(황현, 『매천야록』 권1 上 1894년 이전 ③ 11. 대원군의 위세)

그 민씨 성을 가진 광주유수 겸 수어청 수어사 민영소閔泳韶 영세불망비가 대원군 선정비 대각선 방향 끝자락에 서 있다. 민태호·민영목·민영익·민응식

흥선대원군의 영세불망비(왼쪽). 고종 즉위 후인 1864년에 건립돼 대원군이 아니라 '대원위대감'으로 새겨져 있다. 권세가 하늘을 찌를 때였다. 1891년 세운 광주유수 민영소 영세불망비(오른쪽). 민영소는 민태호·민영목·민영익·민응식과 함께 무소불위 권력을 휘둘렀던 민씨 척족 실력자다. 망국 후에는 총독부로부터 조선 귀족 작위를 받았다.

과 함께 '단군 이래 최악의 부패 정권'이라 낙인찍힌 민씨 정권 실력자였다. 임오군란(1882년) 때 왕십리 군인들이 그 집을 불태웠다. 1894년 민영소는 홍종우를 사주해 갑신정변의 주역 김옥균을 암살했다. 그리고 경술국치 직후 총독부로부터 조선 귀족 작위를 받았다. 그 역사를 저 비석이 품고 있다.

경술국치 직전 어전회의에서 합방 반대를 주장한 김윤식도 보인다. 흥선대원군의 장인 민치구 선정비도 보인다. 고종을 차기 왕으로 적극 밀었던 영의정 조두순도 보인다. 나라가 격동하던 그 시대 사람들이 집합했다. 세월은 가고, 공화국이 되었다. '수령칠사'는 완수되고 있는가. 땅의역사

06 | "죽은 역적 김옥균을 즉시 능지처사하라"

최후의 능지처사, 김옥균

영조의 경고와 김옥균

재위 35년째인 1759년 한가위 나흘 뒤, 온갖 잔혹 형벌을 총동원해 정적을 다 처리한 영조가 명을 내렸다. 잔혹 형벌과 고문을 일체 금한다는 하명이다. 아주 근엄하다. 그 가운데 추시追施 금지령이 들어 있었다. '추시'는 법을 소급 적용하는 조치다. 은전恩典을 베풀든, 형벌을 가하든 죽은 사람에게 적용하는 법적 조치가 추시다.(『땅의 역사』 4권 4장 '판결 따위 필요 없다, 모조리 죽여라' 편 참조)

영조는 이렇게 명했다. "본인이 죽고 나서 반역죄를 소급 적용한 처벌은 금지한다. 이를 따르면 나라가 흥왕하고 따르지 않으면 멸망할 것이다."(1759년 8월 19일 『영조실록』) 반역죄(역률逆律)에 관한 한 소급처벌은 금지한다는 뜻이다. 그리고 준엄한 경고도 덧붙였다.

"이 뒤로 군주가 이런 짓을 하거든 신하는 이 명령을 내밀며 간쟁하라. 이를 따르지 않고 군주에게 영합하는 신하는 간사한 소인이다. 나라 흥망이 오직 여기에 달려 있으니, 따르면 나라가 흥왕하고 따르지 않으면 멸망할 것이다." 이후 이 규정 조선 형법전인『대전통편』에 성문화됐다.

이후 사자死者에 대한 소급 처벌은 헌종 때 부모를 죽이고 자기도 죽은 황해도 재령 사람 윤가현과 충청도 정산 사람 임태두가 그 시신을 거리에 팽개쳐버리는 폭시暴屍형을 당한 케이스를 제외하고는 실록에 나오지 않는다.(1845년 8월 19일, 1848년 6월 17일『헌종실록』)

역률추시가 법적으로 금지되고 135년 뒤 어느 봄날 역적 하나가 청나라에서 암살돼 그 시신이 돌아오매, 역적 시신은 그 즉시로 강변에서 중인환시리에 역률추시됐다. 이틀에 걸쳐 사내는 관에서 끄집어내져 목이 베이고 온몸에 칼집이 나고 사지를 절단당하는 부관참시와 능지처사형을 당했다. 탈법과 불법으로 점철된 조선왕조 최후의 능지처사와 부관참시형을 당한 갑신정변의 주역 김옥균 처형 이야기.

상해에서 벌어진 암살극

1884년 갑신년 겨울 동료 박영효, 서재필, 서광범 등과 벌였던 혁명은 실패로 돌아갔다. 사흘 만에 제물포를 거쳐 일본으로 망명한 김옥균은 일본 체류 내내 암살 위험에 시달렸다. 암살 시도 기미가 보였을 때 김옥균은 고종에게 "왜 경솔한 일을 행하여 국체를 손상시키고 성덕聖德을 더럽히는가"라며 원망을 하기도 했다.(「김옥균이 고종에게 보낸 상소문」,『한국근대사기초자료집』2, '개화기의 교육', 국사편찬위원회, 1886)

메이지유신 이후 처음으로 일본으로 건너온 외국인 정치 망명객 1호였지만 일본에서도 골칫거리였다. 결국 일본 정부는 김옥균을 태평양 한가운데 있는 오사가와라 섬과 홋카이도 등지로 유배 아닌 유배를 보내며 해결 방안을 찾고 있었다.

1894년 양력 3월 23일 김옥균은 고베항에서 청나라 상해로 가는 배를 탔다. 청나라 실세 이홍장과 조선 독립을 놓고 담판을 벌일 계획이었다. 일본에서 친해진 조선인 홍종우도 동행했다. 출국 직전 김옥균은 이렇게 말했다. "인간 만사 운명이다. 이홍장은 나를 속일 생각이겠지만 나는 속을 작정으로 배를 탄다. 5분만이라도 담화의 시간이 주어지면 나의 것이다."(미야자키 도텐, 「김옥균 선생을 회고하며」; 박은숙, 『김옥균, 역사의 혁명가 시대의 이단아』,

1894년 일본에서 발행된 〈김옥균씨 조난사건〉 목판화. 왼쪽이 김옥균이고 오른쪽 권총을 든 사람이 홍종우다.

너머북스, 2011, p197, 재인용)

3월 27일 상해 동화양행 호텔에 투숙한 다음 날, 옆방에 있던 홍종우가 『자치통감』을 읽고 있던 김옥균에게 권총을 쐈다. 세 발을 맞은 김옥균은 즉사했다. 프랑스 유학파인 홍종우는 일찌감치 병조판서 민영소가 밀정 이일직을 통해 포섭한 자객이었다. 수구 근왕파인 홍종우는 2년여 김옥균과 친분을 쌓은 끝에 '역적' 처단에 성공한 것이다.

"역적에게 또 한 번 죽음을!"

김옥균이 처단됐다는 소식이 조선 조정에 전해지자 '온 조정은 뛸 듯이 기뻐하며 모든 관리가 도성문으로 나가 맞이해야 한다고 했다.'(『주한일본공사관기록』 2권, 3.「제방기밀신」, '김옥균의 유해와 홍종우의 도착 및 김옥균의 유해처분의 건') 4월 12일 홍종우는 김옥균 시신을 중국식 관에 넣고 '大逆不道玉均(대역부도옥균)'이라 적은 천을 덮은 뒤 청나라 군함을 타고 인천에 도착했다. 홍종우는 관과 함께 배를 갈아타고 다음 날 양화진에 도착했다. 마중 나온 관리는 몇 명에 불과했다.

4월 14일 검시관을 보내 김옥균임을 확인한 조정에서는 난리가 났다. 전현직 대신들이 연명을 해서 고종에게 상소했다. "천하 고금에 없는 흉악한 역적으로서 누군들 그 사지를 찢고 살점을 씹으려고 하지 않겠습니까. 외국에서 목숨을 부지하여 천벌을 받지 않았으므로 여론이 갈수록 들끓었는데 이제 귀신과 사람의 격분이 조금 풀리게 되었습니다. 죽은 김옥균이지만 소급해서라도 목을 잘라 두루 돌리고 법을 밝힐 수 있게 되었나이다. 속히 처분을 내리소서."

이어 사헌부와 사간원에서 "인조 때 역적 이괄과 영조 때 역적 신치운이 능지처사를 당했듯 김옥균에게도 능지처사형을 내려달라"고 연명으로 보고서를 올렸다. 곧바로 홍문관에서도 사헌부-사간원과 똑같은 내용으로 상소문을 올렸다.

고종이 말했다. "간절한 경들의 청은 피를 뿌리고 눈물을 머금고 징계하고 성토하는 의리에서 나온 것이다. 귀신과 사람이 공분하고 여론이 더욱 격화되어 그만둘 수가 없다. 윤허한다."(1894년 3월 9일 『고종실록』)

고종은 스스로 의견을 내기보다는 관료들 의견을 마지못해 따르는 식으로 정책을 결정하곤 했다. 고종의 의사결정 패턴은 40년 동안 그렇게 동일했다. 김옥균 시신 처리 방침 또한 그 패턴에 따라 결정됐다. '관료들의 결정이 그러하니 나 또한 따르겠다'는 것이다. 그러자 의금부에서는 "'대명률'에 따르면 모반과 대역은 모두 능지처사를 하되, 즉각 시행한다고 규정돼 있다"고 보고했다. 또 "연좌된 사람들은 재산을 몰수하고 집은 허물어 연못으로 만들겠다"고 보고해 고종 윤허를 받았다. 그 자리에서 김옥균은 재판도 없이 '부대시(不待時·기다리지 않고 즉시) 능지처사형'을 선고받았다. '능지처사'는 온몸을 토막내고 칼로 썰어 천천히 죽이는 형벌이다.

불법으로 진행된 마지막 능지처사

문제는 이날 결정된 '역률추시'는 135년 전 영조와 법률에 의해, 죽은 사람 가족을 연좌시키는 '노적拏籍추시'는 1776년 9월 1일 정조가 즉위하면서 금지된 형벌이었다는 사실이었다. 더 큰 문제는 현직 대신과 사간원과 사헌부 그리고 홍문관은 이 금지조항을 누구보다 더 잘 알고 있는 전문 관료들이었다

김옥균 처형 직후 양화진 형장 사진. 참수된 머리에 내걸린 '대역부도옥균' 글자는 암살범 홍종우가 썼다.

는 사실이었다. 조선왕조 최후의 능지처사는 그렇게 감정 가득한 회의 속에서 법을 무시한 채 결정됐고 집행됐다. 그것도 죽은 자를 관에서 꺼내 그 시신에 집행하는 부관참시를 겸한 엽기적인 능지처사였다.

조정의 일치된 결정에 따라 김옥균 시신에 대해 곧바로 형이 집행됐다. 집행은 양화진 보리밭에서 있었다. 땅에 반듯하게 엎드린 시신에 나무받침을 댄 뒤 머리와 오른손, 왼손이 톱으로 잘려나갔고 이어 두 발이 도끼로 잘려나갔다. 이어 등 양 옆으로 1인치(2.5센티미터) 깊이 칼집을 세 군데 낸 다음 머리를 밧줄로 묶어 대나무 삼발이에 내걸었다. 손과 발도 양쪽으로 함께 내걸었다. 몸은 그대로 바닥에 내버려졌다. 집행을 마치는 데 모두 이틀이 걸렸다.(『한국근대사에 대한 자료』, 「오스트리아 헝가리 제국 외교보고서」 47,

1894년 5월 10일, 서울대학교 인문과학 독일학연구소, 신원문화사, 1992, p153)

그렇게 실패한 혁명가는 재판 없이 암살당했고, 그 시신은 본국 정부에 의해 불법적으로 훼손돼 흩어졌다. 외국 공사들이 수집한 자료에 따르면 조각난 시신은 반도 전체에 종횡으로 조리를 돌리다가 경기도 직산 야산에 버려졌고 손과 발 하나씩은 일본으로 옮겨져 안장됐다.(『한국근대사에 대한 자료』, 「오스트리아 헝가리 제국 외교보고서」 47)

한 달 보름이 지난 5월 31일 고종은 "역적에게 능지처사를 추시하여 귀신과 사람의 분이 풀렸다"며 대사면령을 발표했다.(1894년 4월 27일『고종실록』) 또 한 달 뒤인 6월 30일 고종은 경복궁 근정전에서 직접 과거시험 합격자 방을 붙였다.(1894년 5월 27일『고종실록』) 거기에는 김옥균 암살자 홍종우도 이름이 들어 있었다. 사람들은 그 과거시험을 '종우과鐘宇科'라고 불렀다.(『매천야록』 권2, ① 6. 홍종우의 김옥균 암살) 다음 날 고종은 홍종우를 종6품 홍문관 부수찬에 임명했다. 모든 것이 불법이고, 잔혹했다. 영조의 예언도 옳았다. "따르면 나라가 흥왕하고 따르지 않으면 멸망하리라." 땅의역사

충남 아산에 있는 김옥균 유허. 1894년 양력 4월 서울 양화진에서 부관참시와 능지처사 당한 뒤 김옥균 시신은 사방으로 흩어졌다. 일부는 일본으로 가 묘 두 군데에 안장됐다. 아산에는 김옥균의 옷가지와 아내 유씨가 합장돼 있다.

2장

당쟁

"권력은 오로지 우리만 갖는다"

노론의 씨앗, 논산 강경서원

01 | 선비 1000명 학살범은 정철이 아니라 국왕 선조였다

기축옥사(己丑獄事)와 적가문서(賊家文書·역적의 문서)

1589년 기축년 겨울에 벌어진 기축옥사己丑獄事는 그 전과 후 조선 정치 풍토를 갈라버린 참혹한 사건이었다. 논리로 싸우던 당쟁이 목숨을 걸고 싸우는 전쟁으로 변해버린 사건이다.

기축옥사는 서인이었던 정여립이 하룻밤 새에 여당인 동인으로 당적을 옮기고, 그가 반역을 꿈꾸다 발각돼 벌어진 사건이다. 역적 토벌을 빌미로 이후 3년 동안 1000명에 달하는 동인 선비가 학살당하고 유배당한(이건창, 『당의통략』(1890), 이덕일 등 역, 자유문고, 2015, p66) 참극이다. 수사반장은 서인 당수, 송강 정철이었다. 그에 대한 한恨이 사무쳐 동인 후손은 도마질을 할 때도 '정철정철정철'하며 고기를 썬다는 말이 있을 정도다.

과연 정철이 주범主犯인가. 수사를 빌미로 정적을 떼로 제거하기는 했지만 주범은 아니다. 그럼 누구인가. 선조다.

사건 마무리 후 "악독한 정철이 내 선한 선비들을 다 죽였다(毒澈殺我良

臣·독철살아량신)"(『연려실기술』별집 3, 「사전전고」, '이이, 성혼의 출향과 복향)고 분노한 그 국왕 선조다. 권력을 위해서 논리와 이성과 사람 목숨을 초개같이 버린 왕 이야기.

사건의 시작

1589년 10월 2일 황해감사로부터 임금에게 비밀 서장이 접수됐다. 이를 읽은 선조는 그날 밤 정승과 승지를 모두 소집시켜 회의를 열었다. 그리고 황해도와 전라도에 금부도사와 선전관(왕명을 받은 무관)을 파견했다. 회의 기록을 담당한 예문관 검열 이진길은 회의에서 빠졌다가 구속된 후 죽었다. 이진길은 전라도 진안에 은거하던 정여립의 조카다.(1589년 10월 2일 『선조실록』)

그 정여립의 역모가 드러난 것이다. 전라도 진안현감 민인백이 토역 대장으로 죽도에 웅거하던 정여립 세력을 토벌했다. 관군에 포위된 정여립은 땅에 칼을 세워 목을 스스로 찔러 죽었다.(민인백, 『태천집』 권2, 「토역일기」, 1589년 10월 14일) 소 울음소리를 내며 죽은(聲若牛吼而絶·성약우후이절) 정여립 시신은 서울로 압송돼 몸이 찢기는 거열형을 받았다. 함께 체포된 다른 역당도 마찬가지였다. 시작, 시작이었다.

선조의 의지와 정철의 복귀

정여립이 자살하고 동인으로 구성된 역적들이 대거 처형된 다음에도 선조는 의지를 굽히지 않았다. 역모 적발 한 달 만에 선조는 전국에 구언교지求言教旨를 내렸다.

'초야에 사는 선비에 이르기까지 각각 마음속에 품고 있는 뜻을 펴서 숨기지 말고 극언하여 나로 하여금 위아래에 죄를 얻는 일이 없게 하라.'(1589년 11월 1일 『선조수정실록』)

구언교지는 상소 내용이 그 무엇이든 벌하지 않겠다는 면책 조건부 상소 요청이다. 대개 구언교지는 국정國政에 대한 충언을 구해야 마땅했지만, 이번 교지는 섬뜩했다. '자수하여 광명 찾자'는 경고와 '지나가는 저 나그네 간첩인가 다시 보자'는 일망타진 의지가 충만했다.

봇물 터지듯 상소가 몰려왔다. 그 가운데 우의정 정언신과 이조참판 정언지가 정여립과 친하다는 상소가 있었다. 정언신은 정여립 사건을 조사하는 위관委官, 재판장이었다. 11월 7일 정언신은 위관에서 즉각 사퇴했다.

다음 날 선조는 고향인 경기도 고양에 있던 정철을 불러들여 우의정에 임명했다. 사양하는 정철에게 선조는 하루에 세 번 내시를 보내 입궐을 명했다. 정철이 병을 이유로 거듭 사양하자 선조가 단호하게 일렀다. "가마에 실려서라도 적을 토벌하라(當輿疾討賊·당여질토적)."(『송강별집』 3, 「송강연보」) 서인 당수 정철이 특검단장이 된 것이다.

조대중과 김빙의 죽음

사건 초기 위관을 맡은 정철은 선조의 혀와도 같이 알뜰살뜰하게 역모꾼을 잡아들였다. 동인 당수인 이발 또한 추국받던 중 곤장을 맞고 죽었다. 여든 살 노모와 열 살도 되지 않은 아들 또한 죽었다.

선조가 구언한 교지에 온갖 상소가 몰려들었다. 권력의 낌새를 눈치챈 서인 집단은 광기狂氣에 사로잡힌 듯했다. 남명 조식 문하로 세간의 존경을 받는 수우당 최영경은 정여립 패거리인 '길삼봉'으로 낙인찍혀 고문받았다. 두 차례 추국받은 최영경은 옥에서 죽었다. 광기는 그치지 않았다.

김빙金憑이라는 관리는 눈병이 심했다. 김빙은 정여립 시신을 찢을 때 참관하다가 찬바람에 눈물을 흘렸다. 날이 너무 추워서 눈물을 아무리 닦아내도 어쩔 수가 없었다. 김빙 또한 역적을 슬퍼한다고 고문받다가 '물고物故'됐다. 자백하지 않고 죽었다는 뜻이다.

또 전라도사全羅都事(부지사급) 조대중은 수사 초기에 보성에서 기생과 작별하며 울었다. 이 풍경이 와전돼 "정여립이 죽었다고 조대중이 슬퍼서 울었다"고 소문이 났다. 조대중은 서울로 압송돼 고문받았다. 조대중은 혐의를 부인하며 "역적이 죽었다고 함께 축하파티를 한 김여물이 대기 중이니 증인으로 신청한다"고 청했다. 신청은 거부됐고, 조대중 또한 물고됐다. 1년이 지난 뒤 수사관이 몇 차례 바뀌었지만 한결같이 (강압 수사를) 답습했다.

이들의 죽음은 1590년 3월 1일자『선조수정실록』에 기록돼 있다. 이 실록은 기축옥사로 권력을 잡은 서인 세력이 만든 기록이니, 기축옥사 수사가 무리였음을 서인도 인정한 에피소드들이다. 3년 동안 학살당한 동인은 처형과 유배를 포함해 1000명에 달했다.(『당의통략』)

풀리지 않은 수수께끼와 '몸통'

그런 어마어마한 사건이 3년 동안 조선 정계를 휩쓸었는데도 그 실체는 지금까지도 밝혀지지 않았다. 정여립이 실제로 역모를 꾸몄는지부터 이 모든 수사 과정을 과연 정철이 지휘했는지까지. 동인이 저술한 책들은 정철을 천하 모사꾼으로 표현했고, 서인이 저술한 책들은 정철이 최영경을 비롯한 많은 이

1589년 '기축옥사'의 진앙이었던 전북 진안 죽도의 겨울. 동인 정여립의 반역 첩보로 시작된 기축옥사는 이후 3년 동안 1000명에 이르는 동인이 죽거나 유배당한 대참극이었다.

를 변호했다고 기록했다. 서인은 오히려 정철을 이어 위관에 임명된 류성룡이 이발 가족을 포함한 거물들의 죽음에 책임이 있다고 주장했다.

실록 또한 북인이 쓴 『선조실록』과 서인이 쓴 『선조수정실록』 기록이 다 다르다. 이긍익이 쓴 사서 『연려실기술』은 아예 '동인 기축록은 파란 점(청점靑點)을, 서인 기축록은 붉은 점(홍점紅點)을 달았다'고 구분해놓았을 정도다.

도대체 왜 이런 말도 되지 않는 사건의 전말이, 400년이 지난 지금도 명쾌하게 드러나지 않는 것인가.

몸통이 따로 있었기 때문이다.

선조의 비밀병기, 적가문서(賊家文書)

토역관으로 파견된 진안현감 민인백은 『토역일기』에 이렇게 기록했다. '임금이 금부도사와 선전관을 내려보낼 때 적가문서를 압수해오라고 명했다(收取賊家文書以來·수취적가문서이래).'(『태천집』)

'적가문서賊家文書'. '역적의 집에서 나온 문서'를 뜻한다. 적가문서에는 정여립이 쓴 글은 물론 정여립이 다른 사람과 주고받은 편지도 포함돼 있었다. 선조는 금부도사에게 친히 명을 내려 그 문서들을 압수해오라고 지시했다. 수사 독려를 위해? 아니었다. 선조는 그 문서를 추국청에 넘기지 않고 본인이 독점하고서 친국親鞫, 직접 수사를 한 것이다.

사건이 터지자마자 우의정 정언신은 금부도사 일행을 따로 만나 자기 이름이 있는 문서는 없애달라고 청했다. 정언신은 정여립의 먼 친척이었다. 선전관 이용준(실록에는 '이응표'라고 돼 있다)은 정언신 이름이 있는 문서는 다 파기해버렸다. 하지만 글자를 몰라 형 정언지(이조참판)의 호인 '동곡東谷'과 '집안 연장자'를 뜻하는 '종로宗老'가 적힌 편지는 없애지 못했다.(『연려실기술』 권14, 「선조조고사본말」, '기축년 정여립의 옥사')

선조가 수사 회의에서 '종로' '동곡'이 있는 편지를 흔들며 물었다. "이게 누구냐!" 정언신은 아무 말도 하지 못했다. 선조가 대로했다. "내가 벌써 이 편지를 꺼내지 않은 것은 몰랐기 때문이 아니고 염려되는 것이 많아서 그랬던 것이다. 이런 미욱한 놈이 정승을 한다는 말인가!"(『태천집』, 『연려실기술』 등)

선조는 정언신에게 중도부처형(일정 장소에 안치하는 형)을 내렸다. 그리고 며칠 뒤 선조는 적가문서에서 정언신이 쓴 편지 19장을 꺼내 흔들며 말했다. "나를 눈이 없다고 여기는 것인가?" 수사관들은 파직되고 정언신은 함경도 갑산으로 유배돼 그곳에서 죽었다.

전 병조참판 백유양이 혐의를 부인하자 선조는 그를 친국하며 '(역모가) 가장 심한 편지를 골라' 내려보냈다. 곡성현감 정개청 또한 '임금이 내려보낸 편지'로 혐의가 드러났다. 두 사람 모두 죽었다. 최영경은 선조 친국 때 "역적과 서로 통한 적이 없다"고 진술했다가, "이 편지는 뭐냐"라고 선조가 내민 편지 두 장에 고개를 떨궈야 했다.(『연려실기술』 권14, 「선조조 고사본말」, '기축년 정여립의 옥사')

매사가 그러했다. 모든 정보를 독점하고 있는 국왕 앞에서 그 어떤 위관, 그 어떤 추관(심문관)도 입을 함부로 열지 못했다. 동인 당수 이발을 친국할 때 이발의 편지 9장을 흔들던 선조는 목소리가 제대로 들리지 않을 정도로 거칠어 모든 신하가 오들오들 떨었다.(『태천집』)

유배형을 내려야 할 사람에게 사약을 내려도 대들지 못했고, 사약으로 마땅할 자를 찢어죽이라고 해도 위관과 추관은 우물쭈물했다. 선조가 그들에게 선언했다. "편지가 남아 있거늘, 아무리 중형을 받아도 무슨 유감이 있으며 무슨 할 말이 있겠는가."(1589년 12월 7일 『선조실록』) 일체의 비판 세력을 철저히 도태시켜 왕권을 절대화하고자 했던 왕이었다.(이상혁, 「조선조 기축옥사와 선조의 대응」, 경북대 석사논문, 2009)

악독한 정철

서인 총책임자 정철은 이러저러한 사연 끝에 선조 눈 밖에 나서 임진왜란 도중 벼슬을 내놓고 강화도에서 죽었다. 훗날 둘째 아들 종명은 자기 아버지가 악인이 아니라고 신원 상소를 올렸다. 종명은 강화도에서 아비에게 새끼

손가락을 잘라 피를 흘려 연명시킨 아들이다.

지금 정철은 충북 진천 환희산 자락에 종명과 함께 잠들어 있다. 고향인 고양 선산에 있다가 정신적 후배인 우암 송시열宋時烈의 점지로 옮긴 묏자리다. 권력을 완성한 선조는 이렇게 말했다. "악독한 정철이 내 선한 신하들을 다 죽였다(毒澈殺我良臣·독철살아량신)."(『연려실기술』별집3, 「사전전고」) 정치판이 완전히 망가지고 3년 뒤 전쟁까지 터진 판에, 몸통이 던진 말이었다. [땅의 역사]

충북 진천 환희산에 있는 정철 묘(사진 뒤쪽). 앞은 둘째 아들 종명의 묘다. 송시열이 봐준 묏자리다.

02 "권력과 왕비는 영원히 서인이 갖도록 하자"

인조반정 공신들의 밀약
: 숭용산림(崇用山林)과 물실국혼(勿失國婚)

충남 논산 금강변에 있는 죽림서원. 원래는 황산서원이었다. 1653년 윤7월 이 서원에서 서인 거두 송시열과 윤선거가 남인 당수 윤휴를 두고 논쟁을 벌였다. 북벌을 주장했던 윤휴는 북벌 불가론자였던 송시열에게 눈엣가시 같았다. 송시열은 그 윤휴를 처단하기 위해 주자 성리학을 핑계로 윤선거에게 결별을 요구했다. 그날, 이 서원에서 훗날 노론으로 갈라진 순혈 서인들의 권력욕이 활활 타올랐다.

'세상에 전해 오기를 반정 초에 공신들이 모여 맹세할 때 두 가지 비밀스러운 약속을 했는데, 그것은 '왕실 혼인을 놓치지 말자(勿失國婚·물실국혼)'와 '재야 학자를 추천하여 장려하자(崇用山林·숭용산림)'는 것이다. 이는 자신들의 형세를 굳게하여 명예와 실익을 거두려는 것이었다.(『당의통략』, p114)

'반정'은 1623년 광해군을 몰아낸 인조반정을 뜻하고 공신들은 서인西人을 말한다. 인조반정 이후 조선 망국까지 집권당은 서인이었고 서인 가운데 노론老論이었다. 그 초장기 독재의 비밀은 물실국혼과 숭용산림, 바로 '혼맥'과 '패거리'였다.

황산서원의 회동

1653년 윤7월 21일 서울에는 안개가 짙게 깔렸다. 효종은 아침 회의를 취소했다. 전날 밤 사발처럼 생긴 붉은 유성이 북극성을 스쳐갔다. 모든 일은 그 안개 자욱한 날 시작되었다.

그날 서인 거두 송시열은 충청도 연기에서 종일 뱃놀이를 즐기다 강경 황산서원에서 하루를 묵었다. 황산서원은 지금 논산 강경읍에 있고, 앞에는 금강이 흐른다. 지금 이름은 죽림서원이다. 그날 밤, 송시열이 동행한 윤선거에게 말했다. "윤휴尹鑴는 주자를 부정했다. 마땅히 죄를 성토해야 한다."

명분은 주자에 대한 해석이 해괴하니 처벌해야 한다는 논리였지만, 실질은 달랐다. 윤휴는 효종과 함께 군사력을 키워 북벌을 하자는 강경 남인南人이었다. 송시열은 북벌을 도와달라는 효종에게 "먼저 자신을 수양하고 가정을 다스리라"며 북벌 포기를 권유한 반反북벌론자였다.(『송자대전』 5권, 「기축봉사己丑封事」, 1649) 윤휴가 이끄는 남인이 효종과 함께 진짜로 북벌을 결행하면

서인 권력은 갈 길이 없었다.

송시열은 정책 대결 대신 이단異端이라는 틀을 씌워 윤휴를 제거할 뜻을 물은 것이다. 이에 온건파 윤선거가 "깊은 뜻은 알 수 없다"고 답했다. 송시열이 이렇게 선언했다. "그대가 윤휴보다 먼저 법을 받게 될 것이다."(『송자대전』부록 2, 「연보」)

동의를 받지 못한 송시열은 두 달 뒤 9월 9일 공주 동학사에서 "흑과 백 가운데 고르라"며 다시 윤선거를 몰아붙였다. 윤선거는 결국 "윤휴는 흑"이라고 항복하고 말았다. 1680년 결국 서인 세력은 '군사를 모아 반역을 꾸몄다'며 윤휴를 처형하고 권력을 잡았다. 윤휴는 "왜 조정이 선비를 죽이는가(朝廷奈何殺儒者云·조정나하살유자운)"라 일갈하고 처형됐다.(『당의통략』, p183) 서인은 또 교조주의적 장년파와 합리적인 소장파로 분열돼 노론과 소론으로 나뉘었다. 그 붕당과 다툼의 시작이 황산서원에서 벌어진 밤샘토론이었다.

너무나 조직적인 권력

처음부터 사림이 권력에 관심을 가진 것은 아니었다. 인조반정 117년 전인 1506년, 연산군을 몰아내고 중종이 등극시킨 세력이 사림이었다. 개혁을 위해 중종은 사림 추천으로 과거 급제 후 3년 차 공무원인 조광조를 종2품 대사헌으로 임명했다. 그런데 이 30대 대사헌은 모든 제도를 적폐로 몰아붙이며 뒤집어갔다. 중종반정공신 117명을 29명만 남기고 없애버리고, 왕실 도교 제사기관인 소격서도 철폐하라고 요구했다. 끝없는 개혁 요구에 중종은 조광조를 화순으로 유배 보내고 그곳에서 사약을 내렸다. 1519년이다.

이후 서인은 선조 때 기축사화로 동인 세력을 절멸시키고 1623년 광해군을 내쫓고 인조를 왕위에 앉히며 북인을 없애버린 뒤 탄탄한 집권 세력으로 자리 잡았다.

순혈 정권이 된 서인이 그 권력을 놓치지 않기 위해 맺은 밀약이 바로 '숭용 산림'과 '물실국혼'이었다. 과거를 통하지 않고, 초야에 묻혀 사는 원로 사림의 추천으로 고위직을 임명할 것이며, 왕비는 최대한 서인 문중에서 내도록 하자

—
중종 때 조광조가 사약을 받은 전남 화순 조광조 유허비. 송시열이 썼다.

숙종 때 송시열이 사약을 받은 전북 정읍 송시열 유허비.
'(남인의) 독 묻은 손을 뻗쳤다'고 적혀 있다.

는 밀약이었다. 이후 세상은 참으로 그리 되었다.

서인 세력은 '사방에서 유학자의 옷을 입은 자들이 모두 선생이나 제자를 칭하며 한꺼번에 나아갔다. 모두들 한데 모여들어 서로 따뜻하게 보살피고, 영광과 명성을 공경하고 사모해서 끓는 물이나 불 속에 들어가 죽더라도 피하지 않았다.' 당의 권력 유지를 위해서 목숨도 수단으로 삼았다는 것이다. 반면 남인은 '뒤를 봐줄 외척 같은 세력이 없어 정권을 잡고도 10년 이상 지속하지 못했다. 그 습속과 기질이 구속받기 싫어하고 빈틈이 많아 스스로 경계하는 일에 소홀해 많이 배척당했다.'(남하정, 『동소만록』(1740), 원재린 역, 혜안, 2017, p303)

숭용산림과 '좨주(祭酒)'

1623년 인조반정으로 권력을 잡은 서인은 과거로 임용되는 공무원 조직과 상관없는 '산림직山林職'을 신설했다. 재야의 '명망 있는 학자들' 추천으로 뽑는 자리이니, 이 자리는 자기들이 산림이라 인정한 자들만 갈 수 있는 자리였다. 그해 5월 성균관에 종4품 사업司業이라는 관직이 신설됐다. 1646년에는 세자 교육직에 당상관인 찬선贊善과 종5품 익선翊善, 종7품 자의諮議가 설치됐다. 그리고 1658년 효종 때 마침내 '좨주祭酒'라는 정3품 관직이 성균관에 신설됐다. 좨주는 산림을 위한 최고 영예직이었다. 산림에서는 성균관 최고직인 대사성보다 좨주를 높게 쳐줬다.

신설 후 고종 때까지 각종 산림직에 임명된 '별정직 특별 고위공무원'은 좨주 24명, 사업 21명, 찬선 28명, 진선(옛 익선) 33명, 자의 35명으로 모두 141명이었다.(정구선, 「조선후기 천거제와 산림의 정계 진출」, 『국사관논총』43

집, 국사편찬위원회, 1992)

첫 번째로 좨주에 임명된 사람은 송준길이었다. 두 번째 좨주는 송준길의 동학이자 거물 중의 거물 송시열이었다. 역대 좨주 24명 가운데 정조 때 좨주 송덕상과 송환기, 순조 때 송치규는 모두 송시열의 후손이었다. 헌종 때 송계간과 철종 때 송래희는 송준길의 후손이었다. 고종 17년인 1880년 8월 28일 임명된 마지막 좨주 송병선은 송시열의 9세손이었다.(정신문화연구원, 『한국민족문화대백과』) 마음만 먹으면 '멀리서 조정의 권세를 좌지우지하는(拗執朝權·요집조권)' 보스와 정계 파벌의 연결수단이었다. 이렇듯 서인과 노론의 권력 장악은 끈질기고 강력했다.

극단으로 몰고 간 정쟁

모두 죽었다. 북벌을 주장하는 윤휴를 주자를 욕한다고 덮어씌워 죽였고, 송시열이 미워한 이경석을 변호했다고 박세당을 사문난적으로 몰아 정치적 사망자로 만들었다. 정치판은 논쟁이나 정책 대결이 아닌, 살기 위해 죽여야 하는 전쟁터로 바뀌었다. 남인의 정책에 동조했던 윤선거는 송시열을 '시비를 가리면 되지 왜 피아를 구분하는가(只說是非而已 何用彼此爲哉)'라고 비난했다.(윤선거, 『노서선생유고』 별집, 「송시열에게 보냄」)

대신 서인은 조직적으로 자기편을 철저하게 비호했다. 논리는 없었다. 자기편이니까 비호했다. 남인이 축출된 '경신대출척' 사건이 벌어졌을 때, 송시열은 남인 잔당을 박멸하려는 공작정치를 방관하고 지지했다. 이에 반발한 소장파 서인이 소론으로 갈라져나갔다. 드디어 서인 가운데 순혈 중의 순혈 노론이 권력을 잡았다.

그러다 숙종 때 인현왕후 폐위를 반대하던 송시열이 제주도로 유배당했다. 하늘에서 떨어진 기회를 남인은 놓칠 수가 없었다. 1689년 장희빈을 등에 업은 남인 정권은 송시열을 불러올려 정읍에서 그를 죽여 버렸다. 정읍에 있는 '우암 송선생 수명 유허비'에는 '흉악한 무리들이 독 묻은 손을 뻗쳤다(群兇先逞毒手·군흉선령독수)'라고 적혀 있다.

그가 죽고 10년 뒤 노론은 조광조를 모신 도봉서원에 송시열을 배향하겠다고 발표했다. 남인들은 "뭇 악을 갖춘 자(중악구비衆惡俱備)"라고 극렬하게 반대했다.(1696년 1월 10일 『숙종실록』) 허나 조직적인 노론에게 남인은 상대가 되지 못했다. '나그네 같은 남인 정권은 길어야 10년이었다.'

"절대로 왕비만은 우리가"

서인, 노론이 권력을 빼앗긴 기간이 길어야 10년도 안 된 이유가 있다. '빽'이 탄탄했던 것이다. 인조반정을 주동한 서인들이 맺은 두 번째 밀약은 '물실국혼勿失國婚'이었다. 부마가 됐든 왕비가 됐든 왕실 혼인은 서인이 놓치지 말자는 밀약이다.

정치력과 완력은 즉자적이다. 막강 왕권을 휘두르던 숙종은 인사 발령 몇 번으로 정권을 하룻밤 만에 갈아치우곤 했다. 하지만 공식적으로 왕이 존재하는 정치판 뒤에서, 외척으로 사돈으로 네트워크를 만들어놓으면 그만이었다.

1740년 남하정은 『동소만록』에서 '물실국혼'의 효용을 이렇게 기록했다. '아무 때나 궁궐에 출입하며 궁 내 움직임을 엿보고 치밀하게 모의해 은총을 굳게 할 수 있다. 요직을 담당하고 주상을 호위하는 임무를 맡았으니 이게 권력을 놓치지 않은 방법이었다. 호화스러운 수레와 기름진 말과 부귀는 덤이

었다.'

숭용산림과 마찬가지로, 물실국혼은 단순한 의지 차원을 넘어 현실화된 계획이었다. 추존왕(사후에 왕으로 규정된 왕족)을 포함해 인조부터 고종까지 조선 왕비는 계비를 포함해 모두 20명이었다. 이 가운데 숙종의 계비 경주 김씨 인원왕후, 경종비 청송 심씨 단의왕후, 추존왕인 진종비 풍양 조씨를 제외한 17명이 노론 가문 출신이었다.(임민혁,『조선 국왕 장가보내기』, 글항아리, 2017, p90)

숙종 때 계비 인현왕후를 배출한 여흥 민씨는 고종 때 마지막 왕비를 배출해 물실국혼의 대미를 장식했다.(김명숙,「여흥 민씨 가승기략을 통해 본 17~18세기 여흥 민문의 형성과 가문 정비」,『한국사상과 문화』46권 0호, 한국사상문화학회, 2009) 노론은 숙종과 영·정조, 순조 이후 세도정치를 거치며 크고 작은 부침浮沈 속에서도 왕비만은 절대로 빼앗기지 않았다. 1623년 맺은 권력 수호의 맹세와 이후 목숨을 건 조직적 권력욕이 만들어낸 기형적인 초장기 독재의 근거다.

숭용산림과 물실국혼의 최후

두 밀계의 최후 수혜자는 여흥 민씨 고종비 민씨의 친척 민영휘다. 그는 대표적인 탐관오리로 낙인찍혀 동학농민전쟁 때 농민들의 타도대상이 되었다. 1894년 자기가 원인이 된 그 동학 농민군 토벌을 위해 청나라 장수 원세개에게 청나라 군사를 요청했고, 이후 실정失政으로 여러 차례 탄핵을 받았으나 오뚝이처럼 부활했다. 1907년 12월 20일『대한매일신보』는 '나라가 이 지경이 된 것은 민영휘와 조병갑의 탐학이 원인'이라고 보도했다. 이 신문은 민영휘를 '망국대부亡國大夫'라 불렀다. (1909년 4월 18일 『대한매일신보』)

1907년 헤이그밀사 사건이 발각되자 민영휘는 고종 퇴위를 요구했고 1910년 병합 직전 합병을 공개 지지했다. 합병 후에는 일본 황실로부터 조선 귀족 자작 작위와 은사금 5만 원을 받았다.

1917년 『반도시론』이라는 잡지는 그를 '총재산 5백~6백만 원인 반도 유일의 부호'라고 보도했다. (오미일, 「관료에서 기업가로-20세기 전반 민영휘 일가의 기업투자와 자본축적」, 『한국근현대사연구』 68권 0호, 경남사학회, 2013) 이게 숭용산림과 물실국혼 패거리를 역사가 감시하지 못한 결과다. ▨

03 | 벗들은
왜 모두 송시열에게 등을 돌렸나

포저 조익 묘의 비밀과 주자(朱子) 절대주의자 송시열

조익 묘에서 사라졌던 신도비

충남 예산군 신양면에 포저 조익 묘가 있다. 인조 3년인 1623년 조익은 "백성에게 항산恒産이 있게 하기 위해 10분의 1의 세금을 곡물穀物로 거둬야 한다"고 상소했다.(조익,「포저집」,『포저연보』1623년 3월) '항산'은 배를 주리지 않는 풍족한 삶을 말한다. 그때 조익은 선혜청 도청이었다. 선혜청은 대동법 시행관청이다. 갖은 명목으로 물건을 떼 가던 옛 세법을 고쳐서 토지 면적에 따라 쌀로 세금을 거두려는 기관이다.

병자호란이 터졌다. 조익은 강화도로 피난했다가 늙은 아비를 찾기 위해 섬을 떠났다. 그러다 때를 놓쳐서 남한산성으로 들어가지 못했다. 충성하지 못한 자라 비난도 받았다. 1655년 그가 죽었다. 이에 송준길을 위시한 쟁쟁한 학자와 관료가 제문을 쓰고 묘비 글을 쓰고(남구만) 무덤에 부장하는 묘지명을 쓰고(윤선거) 신도비문을 썼다(송시열). 모두 서인西人당 소속 동지들이다.

충남 예산 신양면 포저 조익 신도비. 신도비문은 송시열이 썼다. 조익 문중은 이 신도비를 조익 사후 272년 뒤에야 세웠다. 주자 이외 모든 사상을 사악하다 규정한 송시열의 성격이 엿보이는 비석이다.

그런데 이상한 일이 있다.

　조익 문중은 송시열이 쓴 글을 272년 동안 묵혀뒀다가 1927년에야 신도비를 세웠다. 조익의 묘지명을 쓴 윤선거의 형 윤문거의 신도비 또한 송시열이 썼는데, 윤씨 문중은 이 또한 사후 240년 뒤인 1912년에야 세웠다. 윤선거 본인 신도비문 또한 송시열이 써줬는데, 윤선거 후손은 이 신도비를 아예 세우지 않았다. 윤선거가 좋아했던 윤휴라는 사내는 예순셋에 처형됐다. 송시열 자신은 나이 여든셋에 길거리에서 사약을 받았다. 한때 뜻을 같이했던 동지들이 모두 송시열에게 등을 돌렸다. 당대 최고 권력자요 문장가 송시열이 쓴 글을 동지들이 근 300년 묵혀놓은 이유가 있지 않겠는가.

송시열의 시작과 끝, 朱子

송시열에게 주자朱子는 시작이었다. 주자는 금金에 멸망하던 송宋을 살리는 인물이었고 그 자신은 청淸에 핍박받는 조선을 살릴 학자였다. 명나라가 멸망하자 송시열은 조선을 명의 계승자라 자처했다. 그는 소중화小中華 조선의 주자였다.

1637년 병자호란 직후 송시열은 외가 부근인 충북 영동 월류봉 아래로 낙향했다. 한천정사寒泉精舍라는 집을 짓고 살았다. 숙종 초 정쟁에서 권력을 잃고 낙향한 곳은 충북 괴산 화양동계곡이었다. 1680년 잠시 중앙에 복귀했다가 다시 낙향한 회덕, 지금 대전 땅에 송시열은 서재를 지었다. 이름은 '남간정사南澗精舍'라 했다.

이 모두 주자였다.

주자가 처음 만든 강학소이자 서원 이름이 한천정사다. 화양동계곡 원래 이름은 '황양'이다. 송시열은 중국의 華(화)자를 넣어 화양華陽으로 개칭하고 주자의 '무이구곡武夷九曲'을 본 따 9곡을 명명했다. 회덕에 만든 서재 이름 '남간南澗'은 주자의 운곡이십육영雲谷二十六詠 중 두 번째 시 제목이다. 평생 그는 이렇게 거듭 선언했다. '주자의 학문은 요순, 공맹을 계승해 일언일구一言一句도 지극한 중정中正이 아님이 없다(一言一句無非大中至正·일언일구무비대중지정).'(『송자대전』, 進朱子封事奏箚箚疑箚·진주자봉사주차차의차, 1683)

송시열에게 주자는 끝이기도 했다. 1689년 6월 8일 전북 정읍에서 사약을 받을 때 남긴 유언은 이렇다. "주자가 임종할 때 문인을 불러 '곧을 직直' 자 하나를 말씀하셨으니 내 말도 벗어나지 않는다"라고 하였다(朱子臨終詔門人一直字吾言亦不外).'(권상하, 『송우암 수명유허비宋尤庵受命遺墟碑』)

사상의 자유? 물론 있었다. 단 주자만 건드리지 않으면 자유였다. 주자를 공격하는 모든 자는 악惡이었다. 송시열은 그 악한을 사문난적斯文亂賊이라 불렀다. 우아한 유학의 글('사문斯文')을 어지럽히는 도적('난적亂賊')이라는 뜻이다.

사문난적 윤휴

백호 윤휴尹鑴(1617~1680)가 그런 도적이었다. 훗날 남인으로 돌아섰지만, 윤휴는 송시열이 속한 서인 세력과 친했다. 어릴 적 윤휴를 찾은 송시열이 이리 말했다. "우리들이 30년 동안 독서한 모든 게 헛된 것이 되었다."(『백호전서』 부록, 「행장」上) 윤휴는 열 살 위인 송시열과 둘 없는 사이가 되었다. 그런데 훗날 윤휴는 벗이 용납할 수 없는 짓을 저지르고 말았다. 주자가 쓴 중용 해설서가 틀렸다며 자기 식으로 해설서를 쓴 것이다. 1652년 일이다.

'윤휴가 중용주를 고치자 송시열이 가서 엄히 책망하니, 윤휴가 '경전의 오묘한 뜻을 주자만이 알고 어찌 우리들은 모른단 말이냐'라고 말하므로 송시열은 노하여 돌아왔다. 뉘우치기를 바랐으나 끝내 승복하지 않으므로 드디어 그를 끊어버렸다.'(『송자대전』 부록 10, 「연보」 9, 1684년 5월) 송시열이 윤휴를 조정에 천거하지 않자 '송시열에 대한 뭇 비평이 급하게 밀리는 파도 같았다.'(『송자대전』 부록 3, 「연보」 2, 1658년)

1653년 송시열은 충청도 논산에 있는 황산서원(현 죽림서원)에 동지들을 모았다. 안건은 '사문난적 윤휴'였다. 송시열이 말했다. "주자 이후 한 이치도 드러나지 않음이 없고 한 글도 밝혀지지 않음이 없는데 윤휴가 어찌 감히 주자를 배척한단 말인가. 사문난적이다." 그때 동지였던 윤선거가 윤휴를 두둔

대전 우암사적공원에 있는 남간정사. 송시열이 제자들과 공부하던 학당이다. '남간'은 주자가 쓴 시에서 땄다.

하고 넘어가려 하자 송시열이 이렇게 말했다. "공이 마땅히 윤휴보다 먼저 법을 받게 될 것이다."(『송자대전』 부록 2, 「연보」 9, 1653년 윤 7월) 윤선거가 입을 다물었다. 윤휴에 대한 문제는 정리되지 않은 채 황산서원 회동은 마무리됐다.

12년이 지난 1665년 가을 송시열은 동학사에서 또 윤선거를 몰아부쳤다. 겁박에 질린 윤선거가 "굳이 흑백을 따지자면 윤휴는 흑"이라 답했다. 기세등등한 송시열은 윤선거에게 절교를 요구했다. 윤선거는 "인연을 끊겠다"고 답했다. 이제 문제는 윤선거였다.

송시열, 벗을 버리다

송시열과 윤선거는 김장생의 동문 제자였다. 함께 공부를 했고 함께 관료 생활도 했다. 포저 조익이 죽었을 때 윤선거는 조익 묘에 부장하는 묘지명墓誌銘을 썼고 송시열은 묘갈문墓碣文을 썼다. 그 윤선거가 죽었다. 1669년 8월이다. 송시열은 벗을 보내는 제문을 지었다. '천지가 어두울 때 별 하나가 밝았네(兩儀昏蒙 一星孤明·양의혼몽 일성고명).'(『송자대전』 부록 6, 「연보」, 1669) 그런데 윤선거 상가에 사문난적 윤휴가 조문을 갔다는 사실이 송시열에게 들렸다. 윤휴가 자신을 비난하는 제문을 썼다는 소식도 들려왔다. 이듬해 송시열은 제문을 다시 써서 보냈다. '다시 의논할 길 없으니 슬픔이 마음에 있어서 심히 내 병이 되도다.'

1674년 윤선거의 아들 명재 윤증이 송시열에게 가서 자기 선친 묘갈문을 부탁했다. 윤증은 송시열의 제자였다. 윤증은 아버지가 죽기 얼마 전 송시열에게 부치지 못한 편지를 내밀었다. 충고였다. '임금이 사의私意가 없기를 바란다면 자기 사의부터 없애야 하고, 임금이 언로言路를 열어놓기를 바란다면 자기 언로부터 열어야 할 것이다. 좋으면 무릎에 올려놓고 미우면 못에 밀어넣는(加膝墜淵·가슬추연) 편협한 생각은 버리고 (남인들과) 소통하시라.(나양좌 등,『명재연보』,「후록」1, 1687) 송시열은 "그가 윤휴와 절교하지 않았다는 것을 알 수 있다"며 크게 노했다.

편지를 읽은 송시열이 옛 친구 아들에게 추도문을 썼다. '진실하신 현석이 더할 수 없이 드날렸기에 나는 따로 짓지 않고(我述不作·아술부작) 그의 말을 따라 비명을 쓰네' 자기는 칭찬할 말이 없다는 뜻이다. 이 밖에도 은근히 조롱하고 암암리에 풍자하는 내용이 많았다.(『명재유고』1권,「연보」1, 1674)

이에 윤증이 여러 차례 수정을 해달라고 청했으나 일부 자구字句 외에는 고치지 않았다. 심지어 1689년 송시열은 이런 시까지 썼다. '듣건대 여니가 진정한 도학이라니 정자와 주자는 멍청이라는 말이구나'(『송자대전』4권, 무제無題) 여니驪尼는 윤휴와 윤선거를 뜻한다. 두 사람은 죽은 지 오래고 그 자신은 제주도에 유배 중인 때였다. 제자 윤증은 스승과 완전히 갈라서고 말았다. 이후 윤증은 반反송시열 세력을 이끌게 됐다.

노론과 소론 갈라지다

1680년 남인 윤휴가 반역 혐의로 처형됐다. 잠시 실각했던 서인 세력이 정권을 잡았다. 유배 중이던 송시열도 화려하게 복귀했다.('경신대출척庚申大黜陟')

재집권한 서인 세력은 대대적인 남인 숙청작업을 시작했다. 주동자는 김익훈이다. 1682년 김익훈은 남인 허새, 허영에게 반역 계략을 덮어씌운 뒤 이를 핑계로 남인 몰살 계획을 세웠다가 발각됐다. 이에 서인 소장파들이 부도덕

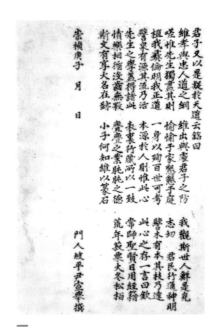

윤선거가 쓴 조익 묘지명. 송시열은 동지였던 윤선거의
신도비문에 '쓸 말이 없다고 쓴다'고 썼다.

한 김익훈을 탄핵하라고 요구했다.

그 소장파에 포저 조익의 손자 조지겸이 있었고, 처벌을 반대한 사람이 송시열이었다. "우리 사문師門의 자제子弟"라는 게 이유였다.(『송자대전』 부록 15, 「어록」2) 자기 편이니 처벌할 수 없다는 말이었다.

그렇게 명분을 대쪽처럼 여긴다는 송시열의 이율배반적인 행동에 소장파들이 대거 이탈해 만든 당이 바로 소론少論이고 그 지도자가 벗 윤선거의 아들 윤증이었다. '노론은 훈척勳戚을 끼고 세력으로 억누르며, 청의淸議를 가진 자를 많이 말살시켰으므로 이제 송시열을 다시 선비로 여기지 아니하였다.'

(1683년 2월 2일 『숙종실록보궐정오』) 『숙종실록보궐정오』는 영조 때 잠시 정권을 잡은 소론이 수정한 실록이다.

자기 사상에 대한 맹신과 '좋으면 무릎에 올려놓고 미우면 못에 밀어넣는' 식의 호오好惡로 한 나라의 정치가 완전히 뒤집어졌다. 송시열은 왕권 침해를 참지 못하는 숙종에 의해 사약을 받았고, 벗과 동지들은 그에 대한 기억을 지워버렸다. 이게 포저 조익 묘에 신도비가 272년이 지난 후에 서게 된 경위다. 땅의역사

전북 정읍에 있는 송시열의 수명유허비문(왼쪽). '독이 묻은 손(毒手)이 다가왔다'고 돼 있다.

포저 조익 묘. 대동법 시행을 주도한 조익은 실학의 선구라 불린다. 묘비문, 신도비문, 묘지명을 쓴 당대 최고 학자들
은 운명이 엇갈렸다.

04 "우리 편이니, 역적이라도 처벌은 불가하다"

송시열의 진영 논리와 소장파의 집단 반발

서울 혜화동 서울과학고등학교 교정에는 '今古一般(금고일반)'이라고 새겨진 큰 바위가 있다. 혜화동에 살았던 조선 후기 거물 정치인 송시열이 새긴 글자다. '예나 지금이나 신념은 한결같다'는 뜻이다.

서울 종로구 서울과학고등학교 교정에는 천재암千載岩이라는 바위가 있다. '천년바위'라고도 한다. 바위 위에는 '수古一般·금고일반' 네 글자가 새겨져 있다. 예나 지금이나 신념은 한결같다는 뜻이다. 과학고에서 나와 주택가로 들어가면 골목길 왼쪽 암벽에 또 네 글자가 새겨져 있다. '曾朱壁立·증주벽립'이다. 공자의 제자인 증자와 송나라 성리학 원조인 주자처럼 벼랑 끝에서도 신념을 지킨다는 말이다.

두 바위가 있는 곳은 혜화동이다. 옛날에는 송동宋洞이라고 했다. 예전에 이곳에 살던 한 거물 정치가의 이름을 딴 지명이다. "예나 지금이나 변함없이 지조를 지키겠다"고 공언하며 살았던 그 정치가 이름은 우암 송시열(1607~1689)이다. 조선 후기 정치를 좌지우지했던 그가 정말 그리 살았나 한번 본다.

막강한 어린 왕 숙종

조선은 무신 이성계를 앞세워 정도전을 위시한 신진 사대부가 함께 세운 나라였다. 태생적으로 군약신강君弱臣強의 나라였다. 정도전은 술에 취하면 "한 고조가 장자방을 참모로 쓴 것이 아니라, 장자방이 한 고조를 썼다"며 이성계가 아니라 자기가 건국의 아버지라고 내뱉기도 했다.(1398년 8월 26일 『태조실록』)

1674년 조선 19대 국왕 숙종이 등극했다. 열세 살짜리 어린 왕이었지만, 왕권을 억누르는 신하들을 두고 보지 않았다. 등극과 함께 선왕 현종에 대한 행장行狀(죽은 사람이 평생 살아온 일을 적은 글)을 송시열에게 작성하라 명하니, 곽세건이라는 유생이 "송시열은 선왕 현종을 장남이 아니라 서자라며 깎

우암 송시열 초상(국보 239호) [국립중앙박물관]

아내린 사람이니 행장 필자가 될 수 없다"고 상소했다. 이에 숙종이 이조참판 이단하에게 "송시열이 깎아내렸다는 사실까지 덧보태 행장을 쓰라"고 명했다. 이단하가 "송시열은 내 스승이라 어렵다"고 답하자 숙종이 이렇게 답했다. "너는 스승만 알고 임금이 있는 줄은 모르는구나." 이단하는 그 자리에서 파면됐다.(1674년 12월 18일『숙종실록』)

왕의 눈총에 한번 빗맞으면 파멸이었다. 열세 살짜리 어린 왕을 온 조정에서 두려워 떨지 않은 사람이 없었다.(『당의통략』, p143) 그래서 신하들은 죽기 살기를 각오하고 권력 투쟁에 뛰어들었다. 서인은 물론 남인 또한 권력 쟁취에 목숨을 걸었다. 그런데 서인의 술수가 한 수 위였다. 서인은 '끓는 물이나 불 속에 들어가 죽더라도 피하지 않았고, 남인은 본래 나그네로서 나왔다 물러갔다 할 뿐 경계하는 일에 소홀하였다.'(『동소만록』, p303) 결국 목숨을 건 당쟁에서 이긴 당은 서인이었다.

경신환국과 공작정치

술수가 모자란 남인은 권력을 즐기는 모습이 엉성하기 짝이 없었다. 1680년 3월 28일 영의정 허적 집에서 잔치가 벌어졌다. 할아버지 허잠이 시호諡號를 받은 기념 파티였다. 마침 비가 내렸다. 숙종이 "왕실 장막과 차양을 잔칫집에 갖다 주라"고 명했다. 잠시 후 내시는 "이미 허적이 다 가져갔다"고 보고했다. 숙종은 "한명회도 못 한 짓"이라며 그날로 남인들을 숙청하고 고위직을 서인으로 가득 채워버렸다.(『연려실기술』 권34, 「숙종조 고사본말」, '경신년의 대출척大黜陟과 허견許堅의 옥사') 이를 '경신환국' 혹은 '경신대출척'이라 한다. 그리하여 1674년 이래 6년 만에 서인이 권력에 복귀했다. 어렵게 찾은 권력을 유지하기 위해 서인이 꺼낸 술수는 공작정치를 통해 남인을 몰살하는 작전이었다. 일단 남인 당수 윤휴에게 역적 혐의를 씌워 죽였다. 이어 100명이 넘는 남인이 처형됐다.

1681년 남인이 역모를 꾸민다는 유언비어가 돌았다. 이에 우의정 김석주가 어영대장 김익훈과 함께 만들어낸 사건이 임술년 역모 조작사건 임술고변王戌告變이다. 이들은 남인과 친했던 심복 김환을 시켜 남인 허새와 허영에게 역모를 사주하라고 했다. 성공만 하면 남인 잔당을 박멸할 수 있는 대사건이었다. 이 같은 정보가 남인에게 역으로 들어가자 김환은 김익훈과 상의 없이 "무기를 준비한 남인의 역적모의를 적발했다"며 대궐로 들어가 신고해버렸다.(1682년 10월 21일 『숙종실록』) 허영과 허새는 조사 과정에서 역모를 자백하고 처형됐다.

그런데 사건을 아무리 파고들어가도 앞뒤가 맞지 않는 것이다. 결국 역모는 조작으로 드러났다. 무고한 남인들의 목숨이 또 달아났다. 하지만 공작을 꾸민 주동자 김익훈은 아무런 처벌을 받지 않았다.

젊은 서인들은 김익훈을 멀쩡하게 놔두는 노장파에게 극렬하게 반발했다. 이듬해 2월 사간원 지평 박태유와 유득일이 "역모를 조작한 김익훈을 귀양 보내라"고 주장했다가 거제도 현령과 진도 군수로 쫓겨났다.

대로(大老) 송시열의 선택

이에 앞서 1682년 7월 26일 숙종은 존경받는 재야 서인 학자 3인, 송시열과 박세채와 윤증을 조정으로 불러들였다. 이 가운데 송시열은 대로大老라 불리는 거물 중의 거물이었다. 그해 11월 고향 회덕을 출발한 송시열이 경기도 여주에 도착했다. 승지 조지겸이 여주로 가서 그를 만났다. 조지겸은 김익훈 사건 전모를 소상히 이야기했다. 그러자 송시열은 "형편없는 짓이니 죽는다 해도 애석할 것이 없다"고 답했다. 이에 젊은 서인들이 드디어 대로大老의 소견도 자기네 뜻과 같다며 크게 기뻐하였다.

1683년 1월 마침내 대로가 입경했다. 척신들이 찾아가고 김익훈 가족이 찾아와 곡절을 호소하였다.(이상 권상하, 『한수재선생문집』 부록, 「황강문답」) 그리고 상황이 급변했다.

1월 19일 숙종이 주재하는 아침 회의 주강에서 송시열이 입을 열었다. "김익훈은 내 스승 김장생의 손자다. 스승에 대한 도리로서, 내가 죄인이다." (1683년 1월 19일 『숙종실록』)

목에 칼이 들어와도 원칙을 외치던 송시열이 궁궐을 피칠갑한 악한을 오로지 우리 편이라는 이유 하나만으로 무죄라고 하고, 자기 부덕의 소치라고 변호한 것이다. 놀란 제자 김간이 집으로 찾아가자 송시열은 직설적으로 대답했다. "스승의 자제이니 구제하지 않을 수 없다."(『송자대전』 부록 15, 「김간金榦의 기록」)

비난 여론이 빗발치자 송시열은 한 달 뒤 "김익훈과 형제의 의리가 있긴 하지만, 나는 (아이를 가르치지 못한) 내 허물을 말했을 뿐 변호한 적은 없다"고 잡아뗐다.(1683년 2월 27일 『숙종실록』)

도덕률과 원칙을 무기로 삼았던 도덕주의자였지만, 칼집 속 칼은 형편없이 무뎠다. 그 뒤로 사류가 크게 쑥덕거려 "어른이 돼 가지고 편벽된 사사로움에 빠져서 그 첫 소견을 바꾸는 법이 어디 있는가"라며 드디어 자립할 마음을 먹었다.(『당의통략』, p206) 훗날 배신당한 소장파가 당을 빠져나가니 이게 노론과 소론의 분당이다.

장희빈 사건과 송시열

1689년 1월 10일 숙종이 희빈 장씨가 낳은 아들 이름을 짓겠다고 선언했다. 희빈 장씨는 서인 세력이 기피하는 인물이었고, 그 아들이 세자로 책봉되면 미래는 참담했다. 서인은 여러 가지 이유를 대며 이를 반대했다. 2월 1일 송시열이 반대 상소를 올렸다. 그날 밤 숙종은 서인 정권을 몰아내고 남인으로 다시 조정을 가득 채웠다. 송시열은 제주도로 유배시켰다. 이를 '기사환국'이라 한다.

이를 반대한 사람 가운데 박태보가 있었다. 고문으로 온몸이 불에 타고 뼈가 부러져 골수가 흘러도 원칙주의자 박태보는 고개를 숙이지 않았다. 숙종은 죽어가는 박태보를 진도로 귀양 보냈다. 박태보는 서울 노량진 사육신묘 앞에서 휴식 중 죽었다.(『땅의 역사』 3권 1장 '몸을 두루 인두로 지졌으나 박태보는 의연하였다' 편 참조)

제주도 유배 중이던 송시열은 서울로 재소환 도중 해남에서 그 소식을 들었다. 송시열은 눈물을 흘리며 자손에게 박태보 이름을 부르지 말라고 경계하였다.(1689년 5월 4일 『숙종실록』) 통곡하는 모습이 마치 실성한 듯했다.

그 눈물이 진심이었는지 참으로 의심스럽다. 박태보는 송시열이 '사문난적'이라며 맹비난했던 박세당의 아들이 아닌가. 『연려실기술』은 이렇게 기록한다. '그가 손자에게 말하기를 "박태보와 관련된 글은 모두 불에 넣으라" 하였다. 박태보를 헐뜯은 글을 급히 태워버리게 한 것이다.'

유배가 풀리고 정계 복귀를 기대했던 송시열은 정읍 길거리에서 사약을 받고 죽었다. 그가 남긴 유언은 "곧을 직直' 한 글자를 따르라"였다.

그가 사약을 받은 그 자리에 송시열 후배들은 그를 기리는 비석을 세웠다. '독이 묻은 손으로 죽임을 당했다'고 했다. 땅의 역사

서울 혜화동 송시열 집터 암벽에 새겨진 '曾朱壁立(증주벽립)' 네 글자. 공자의 제자 증자와 성리학 원조인 주자처럼 벼랑 끝에서도 신념을 지킨다는 말이다. 송시열 글씨다. 송시열이 살았던 혜화동은 조선 말기까지 송동(宋洞)이라고 불렸다.

05 "감시받고 사느니 대문을 없애겠다"

노·소론 갈등과 논산 윤증 고택의 비밀

충남 논산에 있는 소론 당수 윤증 고택에는 대문도 담장도 없다.

적외선 필터를 통해 사진을 찍으면 세상이 달리 보인다. 눈에 보이지 않는 빛으로 세상을 기록하니, 시퍼런 여름 경치가 설국雪國이 되고 무심하던 사물도 명징해진다. 충청남도 논산에는 조선 후기 소론의 영수 명재 윤증 (1629~1714)의 고택故宅이 있다. 공식 명칭은 '명재고택明齋故宅'이다. 윤증이 한 번도 산 적이 없기에 '옛 고古'가 아니라 '인연 고故' 자를 쓴다. 기품 있고 정갈하다. 그 집을 적외선으로 찍어보았다. 낯선 얼굴이 보인다.

대문이 없다. 솟을대문은 사대부 집 상징인데, 그 대문이 없다. 대문이 없으니 담장도 없다. 휑하게 뚫린 길에서 곧장 마당이 나오고 사랑채가 노출돼

있다. 사진 왼쪽 나무 너머로 맞배지붕을 얹은 커다란 집 한 채가 보인다. 노성향교 대성전이다. 관립학교인 향교가 사대부 집에 맞붙어 있다. 고택 오른쪽 언덕을 넘으면 사당이 나오는데 직선거리는 100m 정도다. 사당 이름은 '궐리사闕里祠'라 한다. 공자 영정을 모신 사당이다. 향교도 궐리사도 모두 200년 집권 여당, 노론이 관리하고 회합하던 장소다. 노론에 포위당한 소론, 그것도 소론 당수의 집. 무언가 비밀이 있다.

윤증 고택 뒤로 솟은 노성향교 명륜당(왼쪽 뒤)과 대성전(오른쪽 뒤) 지붕

"(그릇되게) 추록한 공신을 삭제해야만 일을 할 수 있는데, 형이 할 수 있는가?"

"할 수 없다."

"외척의 당파를 물리칠 수 있는가?"

"할 수 없다."

"지금 (송시열이 지배하는) 세상이 의견을 달리하는 자를 배척하고 순종하는 자를 두둔하니 이런 풍습을 제거할 수 있는가?"

"할 수 없다."

그러자 윤증이 박세채에게 말했다. "그렇다면 나는 (조정에) 들어갈 길이 없다." 윤증은 고향 논산으로 돌아갔다. 1683년 5월 5일 경기도 과천이었다.(『연려실기술』 권34, 「숙종조고사본말」, '윤증이 부름을 받아 과천까지 갔다 돌아오다')

1680년 경신년 남인에게 넘어갔던 정권이 서인에게 돌아왔다. 정국은 여전히 혼란했다. 3년 뒤 숙종은 정계를 떠나 있던 서인 지도자 3인을 불렀다. 송시열, 박세채, 윤증이다. 박세채에 이어 송시열이 입경했다. 과천에서 대기 중인 윤증에게 박세채가 가서 복귀를 청했다. 그때 윤증이 저렇게 세 번 묻고 집으로 돌아갔다. 남인을 잔혹하게 숙청한 송시열 무리와 함께 일할 수 없다는 최종 통고였다. 노론이 주도해서 만든 『숙종실록』은 이렇게 기록했다. '박세채와 밤새도록 나눈 이야기는 모두 송시열을 헐뜯고 해치는 말이었다(皆疵傷時烈之言·개자상시열지언).'(1683년 5월 5일 『숙종실록』)

이후 숙종이 우의정 벼슬까지 내리며 복귀를 명했지만 윤증은 한 번도 응하지 않았다. 그래서 벼슬 없는 정승, 백의정승白衣政丞이라고도 불린다. 윤증의 묘 앞 비석에는 이렇게 적혀 있다. '조선 징사徵士 윤증'. '징사徵士'는 '부름을 받았던 선비'라는 뜻이다.

'회니시비'에서 노론(老論) 세상까지

윤증의 아버지 윤선거尹宣擧에게는 친구가 많았다. 송시열도 있었고 어린 윤휴尹鑴도 있었다. 송시열은 송나라 유학자 주희朱熹(주자) 마니아였다. 윤휴는 공맹 사상을 주자와 다르게 해석했다. 송시열은 그런 윤휴를 사이비로 낙인찍었다. 윤선거가 윤휴를 두둔했다. 윤선거도 사이비라 낙인찍혔다.

윤선거가 죽었다. 아들 윤증이 아버지의 옛 벗 송시열에게 묘비문을 부탁했다. 송시열은 '쓸 게 없어서 다른 사람 글을 베껴 쓰노라'라고 써줬다. 서운한 아들이 수정해 달라 거듭 청했으나 송시열은 거부했다. 이에 윤증이 송시열에게 사상 논쟁을 제기하니, 대전 회덕 사람 송시열과 논산 니성(현 노성尼城) 사람 윤증이 벌인 '회니시비懷尼是非'다.

그 사이에 '사이비' 윤휴가 주도한 남인 정권이 실각하고 윤휴는 목이 잘려 죽었다. 1680년이다. 2년 뒤 잔존 남인 세력을 서인 내부 강경파가 계략으로 숙청했다. 이를 부도덕하다고 비난했던 송시열이 이들 편으로 돌아섰다. 이에 실망한 서인 소장파가 노론 송시열파에 등을 돌리니, 이가 소론이요 이들이 추대한 영수가 윤증이었다. 이를 '경신환국(1680)'과 '임술고변(1682)이라 한다. 그리고 이듬해 숙종이 정국 수습을 위해 송시열과 윤증과 박세채를 부른 것이다. 1689년 송시열도 사약을 받고 죽었다. 격하되 덧없이 세월이 갔다. 문득, 노론 세상이었다.

니성에서 벌어진 일

윤증이 내려온 고향 니성(현 노성)은 파평 윤씨 땅이 많았다. 그런데 윤증은 초가를 짓고 살았다. 벼슬 없고 덕망 높은 초라한 스승을 위해 제자들이 집을 지었다. 윤증은 이사를 거부했다. 1714년 윤증이 죽었다. 그리고 니성에 이상한 소문이 돌았다. 죽은 송시열 뜻을 따라 그 제자들이 노성에 살던 공자의 후손과 손잡고 바로 이 파평 윤씨 권역에 공자 사당 궐리사^{闕里祠}를 짓는다는 것이다.

왜 하필 니성인가. 노성에 있는 노성산에는 니구^{尼丘}이라는 봉우리가 있고 그 아래에 궐리촌^{闕里村}이라는 마을이 있었다. 노성산, 니구봉, 궐리는 공자가 태어난 노나라 곡부^{曲阜}에 있는 지명이다. 중국 사신으로 다녀온 이상국이 사온 공자 영정을 그 노성에 모시겠다는 말이었다. 니성은 니산^{尼山}~니성^{尼城}~노성^{魯城}으로 몇 차례 이름이 바뀌었다.

1716년 궐리사가 건립됐다. 노론 정호가 건립기를 썼다. '실로 의도하지 않았는데도 지명이 그윽이 맞아떨어졌다(地名之符固有不約而冥會者).'(정호, 『장암집』, 「공부자진상사우기^{孔夫子眞像祠宇記}」)

그런데 건립기에 묘한 구절이 보인다. '병자정묘년 천지가 번복되는 큰 난리 후, 주화파 잔당이 효종이 명나라를 섬기려는 대의를 비난하였을 뿐 아니라 송시열 선생의 춘추대의도 우습게 여겼다.'

진짜 하고 싶은 말이었다. 춘추대의의 화신 송시열을 우습게 안 소론에 모범을 보이겠다는 것이다. 다른 데도 아닌 소론의 영수인 문중 땅에서 말이다.

1805년 노론은 노성산 서쪽에 있던 궐리사를 윤증 고택이 바라보이는 고택 동쪽 언덕 기슭으로 이건해버렸다. 송시열이 열렬히 흠모하던 주자를 궐리사에 함께 배향하고 마당에 '궐리闕里'라 새긴 돌기둥을 세웠다. 한국중앙학연구원 이욱은 '원래는 노성(니성)에 살던 공자의 후손이 만들었으나 이후 송시열 후학이 개입하면서 노론의 사당이 됐다'고 해석했다.(이욱,「조선시대 노성 궐리사와 공자 사당」,『종교연구』47집, 한국종교학회, 2007) 이로써 파평 윤씨 소론 영수 영역에 노론의 정신적인 구심점이 마련됐다. 영수 집 안에 들락거리는 사람들을 한눈에 감시할 수 있는 언덕에 마련됐다.

노성향교의 악연

'학교에는 묘廟와 당堂이 있다. 묘에서는 제사를 지내고 당에서는 공부를 한다. 묘 앞에 반드시 당을 세워 명륜이라 한다'(윤선거,『노서선생유고속권』권2,「니산향교 명륜당 건설시 고선성문」)

윤증의 아버지 윤선거 생전에 이미 노성에는 향교가 있었다. 이름이 니산향교였다. 지금 위치에서 멀리 떨어진 노성초등학교 자리에 있었다. 그 향교에 명륜당을 세우며 윤선거가 건립문을 썼다. 윤증 13대 종손 윤완식이 말했다. "궐리사가 집 옆으로 이건하고 몇 년 뒤 노론이 향교를 우리 집 옆으로 이건했다."

차장섭(강원대 교양학부 교수)에 따르면 위 건립문은 윤선거가 지금 고택 자리로 향교를 이건하고 지은 글이다.(차장섭,『명재고택』, 열화당, 2017) 노소론 분당이 없던 시절, 윤씨 문중이 지역 유림과 함께 지었다는 말이다. 하지만 향교 이건과 고택 건축 선후先後와 무관하게, 정국이 노론으로 넘어가면서 향교는 고택 서쪽을 막는 또 다른 감시초소가 되어버렸다.

윤완식은 "향교가 옆으로 오고 얼마 뒤 할아버지들이 솟을대문을 없애기

윤증 고택에서 동쪽으로 100m 떨어져 있는 공자 사당 궐리사 돌기둥. 송시열 제자 권상하가 '闕里(궐리)'라 새겨놓았다. 궐리는 공자 탄생지다.

윤증 묘비 '조선 징사(徵士) 윤증'. '부름받은 선비'라는 뜻이다.

로 결정했다"고 했다. "감시당할 이유가 없으니까, 떳떳하게 아예 다 까발리고 살자고 했다"는 것이다. 대신 후손들은 사랑채에 신발을 놓는 댓돌을 하나 더 놓았다. 그 댓돌에 신발이 있으면 집안 남자가 집에 있다는 뜻이다. "감시하려면 해봐라, 이런 뜻이 아니었을까 한다."(윤완식) 또 옛 마당 오른편 언덕에 작고 좁은 집을 한 채 지어 망루로 삼았다. 지금 고택 수돗가 자리다.

그리하여 여느 명문가와 똑같이 담장과 솟을대문을 가진 고택이 건물만

덜렁 솟은 탁 트인 구조로 100년 넘게 서 있게 되었다. 윤증고택을 두고 자연 합일自然合一의 실현을 운운하는 호사가들 말과 달리, 정치 사찰이 잉태한 건축 구조라는 뜻이다.

21세기 대한민국

그렇게 21세기 대한민국은 충청남도 논산 땅에서 200년 넘도록 이 땅을 흔들어놓았던 노론 독재 시대 흔적을 목격한다. 왕조도 사라지고 식민시대도 갔다. 그런데 옛 흔적은 완연하다. 하나 더 있다. "1980년대 서울 인사동에는 소론 다방이 따로 있었고 노론 다방이 따로 있었다. 서예와 한학漢學 선후배끼리 인사동에 가면 자연스럽게 발길이 갈라졌다."('명재사상연구소' 이사장 윤여갑) 지금 대한국인은 함께 다향茶香을 즐기고 있는가. 땅의역사

06 | 텅 빈 비석 속에
추잡한 정치인들이 보인다

이경석 신도비에 숨은 노론(老論) 정치의 본색

경기도 성남시 분당 한국학중앙연구원에서 안양판교로 도로 건너 산속에 무덤이 여럿 있다. 조선시대 무덤이다. 그 가운데 '이경석 선생 묘' 표지판을 따라가면 왼편에 작은 공터가 나온다. 그 옆 언덕에 비석이 보인다. 무덤 주인 이경석의 신도비神道碑다. 정2품 이상 벼슬을 지낸 망자를 기리는 비석이다. 이 언덕에는 신도비가 '두 개' 있다. 하나는 1754년 영조 30년에 세운 원래 신도비고 하나는 1979년에 다시 세운 비석이다.

그런데 구舊신도비는 새긴 글자가 다 깎여나간 백비白碑다. 원래 비석을 대체하는 비석을 세웠으니 옛 돌은 묻어버려야 마땅한데, 이 후손들은 텅 빈 옛 비석을 버리지 않고 새 비석과 함께 세워놓았다. 틀림없이 사연이 있을 것이다. 사리사욕을 신념이라 포장해 정적政敵 압살에 써먹었던, 조선 후기 정치판 이야기.

경기도 성남시 분당구 석운동 50-8 산기슭에는 백헌 이경석 묘가 있다. 묘 앞에는 글자가 다 사라진 신도비가 있다.

삼전도비와 이경석

　서기 1637년 11월 27일 예문관 부제학 이경석이 글을 적어 내린다. 한강 남쪽 삼전도에 있는 비석에 새길 글이다. 글은 이리 시작하였다. "대청大淸 숭덕 원년 겨울 12월에 관온인성황제寬溫仁聖皇帝께서 진노하여 군대를 거느리고 오셨다. 우리 임금은 두려워하기를 마치 봄날에 얼음을 밟고 햇빛을 기다리는 듯이 하였다."('대청황제공덕비', 속칭 '삼전도비')

　밤새워 글을 끝낸 이경석은 다음 날 인조 앞에 글을 갖다 바쳤다. 때는 병자호란으로 한 달 보름 만에 나라가 거덜나고 조선 제16대 국왕 인조가 청나라 황제 홍타이지에게 무릎을 꿇은 그해였다. 청나라 황실이 내건 전리품이 처녀 조공과 비문 제작이었고, 그 치욕적인 비문을 맡은 이가 이경석이었다.

서울 잠실에 서 있는 '대청황제공덕비'. '삼전도비'라 불리는 이 비석
비문은 인조의 명에 의해 당시 예문관 부제학 이경석이 썼다.

이경석의 글은 청 황실의 교정 요청을 거쳐 비문으로 확정됐다. 훗날 이경석
은 만형 이경직에게 편지를 썼다. "글 쓰는 법을 배운 것이 후회스럽다(有悔學
文字之語·유회학문자지어)."(『백헌선생집』 부록 1, 「연보」, 정축년)

비석 제작은 더뎠다. 사대부의 반감이 극렬했다. 인조로부터 함께 비문을
명받은 형조판서 이경전은 "사람이 어리석고 실성해 술병이 들었다"며 거부했
다. 전 판서 장유는 직함과 이름을 빼먹는 꼼수를 부렸다(장유는 청나라로 끌

려갔던 며느리가 그해 3월 송환되자 '조상에 함께 제사를 받들 수 없다'며 정부에 이혼 허가를 요청했던 인물이다). 전 부사 조희일은 일부러 글을 졸렬하게 써서 탈락했다.(1638년 11월 28일 『승정원일기』 등) 강경파 척화론자 신익성은 각자刻字 담당관으로 임명되자 "오른팔이 마비돼 수저를 못 든 지 반년"이라며 거부했다.(1639년 6월 26일 『승정원일기』) 결국 비석은 1639년 11월에야 완성돼 12월 8일 삼전도에 건립됐다.

이게 조선 500년 정치사에 길이 남을 추악한 정쟁의 빌미가 될 줄은 몰랐다. 아무도 몰랐다. 오로지 이경석보다 열두 살 어린 송시열만 알았다.

이경석 장수 축하파티와 송시열

송시열은 이경석과 친했다. 열두 살 연상에 벼슬길도 먼저 오른 이경석은 틈이 날 때마다 송시열을 왕에게 추천해 중용을 권했다. 예를 들면 이렇다. "송준길과 송시열은 학문과 품행으로 이름난 지 오래입니다. 정성을 들여서 찾고 예의를 갖추어서 부른다면 분수나 의리로 보아 어찌 감히 나오지 않겠습니까."(1645년 10월 9일 『인조실록』) 그럴 때마다 '송시열은 누추한 행색으로 공(이경석)을 찾아왔으나 공은 대등한 예로 대하였다.'(박세당, '이경석 신도비문')

1668년 11월 이경석의 나이가 73세가 되었다. 청나라와 외교 관계를 무리없이 잘 수습한 노대신에게 나라에서는 궤장연几杖宴을 열어주었다. 궤장은 왕이 내리는 지팡이다. 궤장연은 문관에게 최고 명예다. 이에 이경석이 친한 후배인 송시열에게 축문을 요청했다. 송시열은 "궤장까지 주는 것은 과하지 않은가"하고 말꼬리를 달면서도 축하 메시지를 이리 전했다.

"생사를 가리지 않고 꿋꿋하게 소신을 수행해 나라가 무사하게 되었다. 하늘의 도움을 받아 **장수하고 또 건강하여(壽而康·수이강)** 우리 성상에게 융숭한 은혜를 받은 것이다."(송시열, 『송자대전』 137권, 「영부사 이공궤장연서領府事李公几杖宴序」) 한 사람은 청과 무난한 조선 관리였고 한 사람은 그 청을 오랑캐로 여기는 강경파였다. 그럼에도 두 사람은 서로를 축하하고 격려하며 국정을 함께 했다.

송시열의 좀스러운 본심

동지애는 이듬해 깨졌다. 1669년 3월 몸이 좋지 않은 왕비 김씨를 위해 현종이 온양 온천으로 행차했다. 한 달이 넘는 체류 기간 지방에 있던 관리들 가운데 한 명도 행궁으로 나온 자가 없었다. 이에 4월 3일 영부사 이경석이 "국정이 급하니 얼른 서울로 돌아오시라"고 문서로 권하며 한마디 덧붙였다. "행궁에 달려가 문안하는 신하가 하나도 없으니 기강과 의리가 무너졌다."(1669년 4월 3일 『현종실록』) 이 보고서에 나온 '신하'를 자기라고 착각하고 뜨끔한 사람이 송시열이었다. 자기도 행궁에 가지 않았던 것이다.

그달 14일 송시열이 왕에게 이렇게 상소를 했다. "병 때문에 길을 지체했다가 출발하는데, 신臣을 비난하는 문서를 보고 깜짝 놀랐다"고 했다. 그러니 자기는 억울하다고 주장하며 송시열은 이렇게 말했다. "금나라에 항복문서를 바친 송나라 **역적 손종신처럼 장수하고 건강한 사람이** 나를 다 비난한다." (1669년 4월 14일 『현종실록』) 바로 넉 달 전 궤장연 때 이경석에게 써줬던 바로 그 '장수하고 건강한壽而康 사람'이 다름 아닌 '역적'이라는 말이었다. 송시열은 정치적, 학문적 선배의 축사에 암호처럼 욕설을 삽입해놓은 것이다.

경기도 포천에 있는 선조의 12번째 아들 인흥군 신도비들. 왼쪽(1682년)은 송시열, 오른쪽(1655년)은 이경석이 썼다. 송시열이 쓴 신도비는 웅장하고 관리가 잘돼 있다.

사람들은 그제야 송시열 본심을 알아차렸다. 연유를 묻는 제자에게 송시열은 이렇게 답했다. "그 사람이 워낙 아첨을 잘하는 자로, 오랑캐 세력을 끼고 평생 몸을 보전하니 개도 그가 남긴 음식을 먹지 않을 것이다(則狗不食其餘·칙구불식기여)."(『송자대전』70권,「송도원에게 답함」) 송시열은 심지어 이경석이 청나라에 사신으로 갔다가 백마산성에 구금됐다 생환한 사실을 두고 "그때 죽지 않았던 것도 삼전도비 글을 잘 썼기 때문은 아닐까 한다"라고까지 했다. 이 격렬한 비난에 이경석은 "송시열은 명단에 없으니 그가 오해했다"고 짤막하게 답했다.

송시열도 이경석도 모두 서인 세력 지도자였다. 송시열이 가진 적개심은 당파와도 무관했고 나이도 무관했다. 자기와 뜻이 다르면 그는 타도 대상이었다. 이경석은 무탈하게 살다가 2년 뒤 1671년 죽었다.

1682년 송시열이 이끌던 서인 세력이 노론과 소론으로 갈라졌다. 송시열의 노론이 권력을 잡았다. 그해 선조의 손자 낭선군 이우가 송시열에게 아버지 인흥군 신도비문을 받아갔다. 포천에 있는 인흥군 묘에는 이미 1655년 이경석이 썼던 신도비가 서 있었다. 권력이 송시열로 넘어간 것이다. 1689년 그 송시열이 사약을 받고 죽었다. 하지만 노론은 건재했고, 독재가 이어졌다.

사문난적 낙인과 박세당

세월이 흘러 1703년 소론 당수인 서계 박세당이 이경석의 신도비문을 지었다. 박세당은 유학을 노자와 장자에 빗대어 독특하게 재해석해 교조주의적인 노론이 벼르고 있던 학자였다. 신도비문은 이러했다.

'노성老成한 사람을 업신여기지 말라고 하였는데 감히 업신여기는 사람이 있다면 상서롭지 못한 보복을 당할 것이다. 하늘의 도리가 그러한데 어찌 두렵지 않겠는가?'

누가 보아도 이경석을 비난한 송시열을 두고 한 말이었다. 비문은 이렇게 끝난다. '거짓됨과 방자함과 허망함으로 세상에 알려진 자가 있다. 올빼미와 봉황은 애당초 다른 새인데 올빼미가 화를 내고 꾸짖었다. 선하지 않은 자가 군자를 미워했으니 이 무슨 흠이 되리.' 이경석을 중년 이후 괴롭혔던 '오랑캐에게 붙어먹었다'는 비난은 노론 독재 시대에 펄펄 살아 있었다. 박세당은 그 세태를 비웃은 것이다.

때는 글귀 하나를 핑계 삼아 정적 목을 날려버리는 노론 독재 시대였다. 실록은 이러하다.

홍계적 등이 청하기를 "세당이 주자의 학설과 어긋나고 다름이 있으며 이경석 비문에 송시열을 침범해 욕한 말이 있나이다. 글은 거두어 물과 불 속에 던져버리고 박세당은 성인을 헐뜯고 현인을 업신여기는 죄로 다루소서." 이에 숙종은 "사문斯文(아름다운 글·성리학)에 관계되므로 결코 내버려 두기 어렵다"며 비문과 그 저서는 불에 던져버리라 명하고 박세당을 귀양 보냈다.(1703년 4월 17일『숙종실록』) 정적에 대한 비난과 맞비난이 누대에 겹쳐 결국 또다시 '사문난적'이라는 프레임에 정치가 갇히고 만 것이다. 결국 이경석 후손은 신도비 비문을 숨겨뒀다가 50년 뒤에야 신도비를 세웠다.

이후에도 비석은 수난을 받았다. 언제 누가 글자들을 없애고 땅에 묻었는지는 모른다. 분노한 노론 짓인지 공포에 질린 후손이 한 일인지 알 수가 없다. 왕조가 사라지고 식민지가 사라지고 대한민국 공화국 시대가 와서야 비석은 햇살을 받게 되었다. 여기까지 신도비 이야기, 비석에 숨은 정치 이야기였다. [땅의역사]

3장
—
비겁한 전쟁-병자호란

"경징아, 네가 백성을 죽이는구나!"

백성의 붉은 피, 강화도 경징이풀밭

01 | 아들을 인질로 내라 하자
판서들이 앞다퉈 사직하였다

병자호란과 가짜의 계보 1
: 도덕주의 지도자들

'나라는 중국에 의해 난장판이다. 국제 정세는 위기다. 국민은 도탄에 빠졌다. 권력자들은 국가 생존 대신 일신 안녕을 걱정하며 산다. 나라와 국가를 입에 달고 살지만 다 가짜다.' 21세기 대한민국이 아니라 위선적 도덕주의자들이 망가뜨린 17세기 조선 왕국 이야기.

인조반정과 병자호란

1623년 3월 13일 서인 세력이 능양군 이종을 앞세워 광해군을 몰아냈다. 인조반정이다. 쿠데타 당일 능양군은 경운궁(덕수궁)에 유폐된 인목대비로부터 왕위를 인정받았다. 서인, 능양군, 인목대비 세 무리는 목적이 다 달랐다. 능창군은 왕권이, 서인은 권력이, 광해군에 의해 폐위되고 아들까지 살해된 인목대비는 광해의 목이 목적이었다. 폐모살제廢母殺弟(인목왕후 폐위와 동생 영창대군 살해)의 패륜과 사대 본국 명나라에 대한 배신 심판 같은 거창한 목적은 명분에 불과했다.

목적이 죄다 달랐으니 정권도 엉망진창이었다. 그 권력이 초래한 전쟁이 두 차례 호란胡亂이었다. 1636년 3월 부제학 정온이 이리 상소하였다. "장수들은 농장 감독이나 하고 있고 훈신들은 자기 살려는 마음만 있고 죽음으로 지킬 계획은 없다."(1636년 3월 2일 『인조실록』) 정묘호란(1627)에 이어 다시 피비린내를 감지한 늙은 대신의 경고였다. 경고는 먹히지 않았다. 그해 겨울 전쟁은 터졌고, 후세 모두가 알다시피 47일 만에 조선은 창피한 절차를 통해 청나라에게 패했다. 그리고 근 3년 뒤인 1639년 11월 28일(양력 1640년 1월 1일) 인조가 항복한 서울 잠실 삼전도에 '대청황제공덕비大淸皇帝功德碑'가 섰다.

1895년 갑오개혁에 정부는 인조가 항복한 자리에 있던 잠실의 '대청황제공덕비(大淸皇帝功德碑)'를 자빠뜨리고 청 사신을 맞는 무악재 영은문도 철거해버렸다. 1916년 촬영 [국립중앙박물관]

255년이 지난 1895년 갑오개혁 때 조선 정부는 비석을 자빠뜨리고 청 사신을 맞는 무악재 영은문도 철거해버렸다. 2년 뒤 서재필이 이끄는 독립협회가 영은문 기둥 앞에 독립문을 세웠다. 대對중국 종속과 사대事大는 청산됐다. 하지만 역사에 기록된 위선僞善과 입만 살아 있는 도덕은 청산할 수 없었다. 그 기록을 본다.

위선의 서막, 가짜 왕족

1627년 2월 정묘호란 종전 후 청(후금)은 인조 동생 한 명을 볼모로 달라고 요구했다. 왕의 동생을 오랑캐에게? 있을 수 없는 일이었다. 한참 머리를 굴려 나온 대책은 이러했다. '종실 가운데 어린 사람을 가짜 동생으로 만들자.'

경기도 광주 남한산성 북문은 '전멸(全滅)의 문'이다. 사령관 김류가 병사들을 성 밖에 매복한 청나라 병사들 가운데로 내몰아 200명을 몰살시킨 문이다. 그런데 '전승문(全勝門)'이라는 현판이 걸려 있다. 문은 인조 때 만들었고, 이름을 붙인 왕은 정조다. 의지의 상징이기도 하고 정신승리 혹은 위선의 문이라고도 볼 수 있다.

처음에는 이계선이라는 인물의 첩 소생 이보李溥를 왕제王弟로 둔갑시켰다. 이름을 부溥로 바꾼 뒤 수성군邃成君 군호까지 내렸다. 이부는 찾아온 관리에게 "나는 본시 천민인데 어찌할꼬"라며 울었다.(1627년 2월 12일『인조실록』) 들통이 나면 경을 칠 일이었으니 이 황당한 수성군 위조계획은 없던 일이 됐다.

이튿날 인조는 종친 원창부령 이구李玖를 동생으로 둔갑시켰다. 9촌 아저씨뻘인 이구는 조카의 동생이 되었다. 종친부 종5품 부령副令 이구는 하루아침에 군君이 되었다. 인조는 원창군에게 예모 강습을 단단히 시키라 일렀다. 조선 정부는 두 달 뒤 명나라 황실에 '이러이러하여 이구를 왕제로 만들어 오랑캐와 화친했으니 천지 부모 같으신 황제께서 애처롭게 여기시라'라고 보고서를 보냈다.(1627년 2월 14일, 4월 1일 등『인조실록』) 가짜의 서막은 왕이 그렇게 열었다.

또 가짜 왕제

살려는 마음만 있고 죽음으로 지킬 계획은 없는 세월이 10년 흘렀다. 1636년 겨울 병자호란이 터졌다. 남한산성에 갇혀 있는 조선 조정에 청나라 군사가 협상을 제안했다. 협상 파트너로는 반드시 왕제와 대신大臣(정승)이 나와야 한다고 요구했다.

인조 정부는 '10년 무탈'을 보장해준 가짜 왕제 원창군을 떠올렸고, 실행에 옮겼다. 이번에는 종친 중에 정4품인 능봉수綾峯守 이칭을 정1품 능봉군으로 격상시키고 왕의 동생으로 둔갑시켰다. 역시 대신으로 둔갑한 형조판서 심집

남한산성 전승문

과 동행해 산성 아래에서 종전협상을 벌였다. 청나라 장수 마부대가 물었다. "또 가짜 아닌가?"

가짜 대신 심집이 느닷없이 이리 말했다. "나는 평생 충과 신을 말했다. 오랑캐라도 속일 수 없다. 나는 대신이 아니요 능봉군은 왕제가 아니다." 분기탱천한 마부대는 통역관 박난영을 처형하고 왕의 아들, 세자를 인질로 요구했다.(나만갑,『병자록(남한산성 항전일기)』, 서동인 역, 주류성, 2017·1636년 12월 16일『인조실록』) 이게 인조의 맏아들 소현세자가 심양으로 끌려가게

된 원인이었다. 가짜 시리즈 2막도 각본과 연출은 왕 인조였다. 위조하겠다는 발상도 문제였지만 그 계획 자체를 실행하는 데도 엉망진창이었다.

더러운 군주, 상처받은 새

명분을 입에 달고 사는 서인들은 오랑캐에게 항복한 왕을 왕으로 취급하지 않았다. 그들은 인조를 이렇게 불렀다. '더러운 왕(오군汚君)'.

'사대부가 초야에 물러나면 더러운 임금 섬기기를 부끄러워하는 것이라 하고(恥事汚君·치사오군) 유생이 과거를 보러 나아가려 하지 않으면 하찮은 조정에 들어가기를 부끄러워하는 것이라 한다(恥入小朝·치입소조). 다들 일망타진의 변이 일어날까 의심한다. 아아, 혼조昏朝(광해군) 때에 실컷 듣던 말이다.'(1637년 8월 12일『인조실록』대사헌 김영조 상소)

서인 세력 힘으로 오른 왕위였다. 그래서 인조는 만사에 적극적이지 못했다. 관료들이 과하게 시비를 걸면 "위를 능멸하는 풍조가 생겨 군상에게 반드시 꼬치꼬치 따지며 대든다"고 주장해보기도 했다.(1629년 7월 4일『인조실록』) 하지만 인조는 늘 살얼음을 걷는 나그네처럼 불안하게 행동했다. 상소에 대한 답변은 내시에게 베껴 쓰게 하고 초안은 물 항아리에 담가 찢어 뒤탈을 남기지 않았다. 하루 종일 찡그리고 웃는 것도 함부로 하지 않았다.(『연려실기술』권23,「인조조고사본말」)

'항복한 군주'와 '부도덕한 위선'은 그를 끝까지 옥죘다. 결국 그는 스스로를 '활에 상처받은 새(상궁지조傷弓之鳥)'라 불렀다.(1643년 10월 11일『인조실록』) 왕이 그러할진대 관료들은 말할 것 없었다. 격格이 추락했다. 영令도 무너져갔다.

더러운 관료, 그들의 위선

항복 조건은 잔인했다. 형언하기 어려운 금은보화는 물론 소현과 봉림 두 왕자 부부도 끌려갔다. 수많은 백성도 끌려갔다. 최명길은 그 숫자가 50만 명이라고 주장했다. 하지만 당시 청나라 인구가 200만 명 안팎이었음을 감안하면 이는 불합리한 추정이다. (구범진, 『병자호란, 홍타이지의 전쟁』, 까치, 2019, p62) 어찌 됐든 '너무나도 많은 조선인들이' '하루 종일 수백씩 열 지어 끌려가는 것이 지속됐고, 적진敵陣 가운데 조선 포로가 절반인데, 뭔가를 호소하려 하면 청군이 철채찍으로 때렸다.'(『병자록(남한산성 항전일기)』, 서동인 역, 주류성, 2017, p135, p146)

청 황실은 삼공육경三公六卿, 현직 정승과 판서 아들 또한 인질로 요구했다. 조선 정부가 저항할 싹을 제거하겠다는 뜻이다. 왕의 아들 며느리들이 끌려간 마당에 성리학적으로도 거부할 수 없는 요구였다. 그런데 많은 이들이 이를 따르지 않았다.

'이때 육경六卿이 아들을 인질로 보낸다고 하자 판서 보직에서 교체되려고 잇달아 꾀하였다. 임금이 인질을 들여보낼 시기를 의정부 정승들에게 물었으나 사실대로 대답하지 않으니, 사람들이 다 분개하였다.'(1637년 8월 14일 『인조실록』)

1639년 1월 29일 형조판서에 임명된 홍보가 임명 즉시 사표를 던졌다. 사표가 수리되지 않자 홍보는 출근을 거부했다. 4월 21일 비변사에서 근무 태만을 이유로 홍보 파면을 요청했다. 인조는 "아들 인질을 거부하려고 태만한 것"이라 의심했다. (1639년 4월 21일 『인조실록』)

그해 11월 5일 형조판서 민형남이 병이 들었다며 사표를 냈다. 민형남은 일찌감치 아들을 인질로 보내지 않도록 여기저기 스스로 해직을 민원하고 있었다.(1639년 11월 5일 『인조실록』) 이듬해 4월 9일 인조는 퇴직한 민형남을 다시 형조판서에 임명했다. 민형남은 아예 집에 드러누워 밖으로 나오지 않았다. 사헌부가 인조에게 고했다. "임금을 무시하고 법을 멸시함이 이보다 심할 수 없다."(1640년 4월 9일, 5월 12일 『인조실록』)

1641년 11월 2일 예조판서 윤의립이 파직됐다. 그 또한 아들을 인질로 보내지 않도록 '늙고 병들었다'며 스스로 해임을 요구했다. 윤의립은 파면됐고, 아들은 인질 신세를 면했다.(1641년 11월 2일 『인조실록』) 조정에는 '기강이 땅을 쓸어낸 듯이 없어져 육경 자리가 장차 비게 되었다.'(1639년 2월 4일 『인조실록』)

훗날 돈 많고 권세 많은 이들은 포로가 된 가족을 속환금을 내고 귀국시켰다. 1637년 7월 좌의정 이성구가 인질로 간 자기 아들을 데려올 때 1500금金을 치렀다. 이후 속환가贖還價가 매우 비싸져서 가난한 백성이 돌아올 희망을 아주 없어지게 하였다.(1637년 7월 7일 『인조실록』) '돈 없고 빽 없는' 백성은 가족을 포기했다. 오군汚君을 들먹이며 백성을 팽개친 더러운 신하(오신汚臣)들 덕택이었다. ■땅의역사

02 | 의정부 산에는
공주님이 잠들어 있다

병자호란과 가짜의 계보 2
: 의순공주

경기도 의정부 금오동 산45-21번지 '족두리 산소'. 금오동 사람들은 무덤에 의순공주 족두리가 묻혀 있다고 믿는다.
1650년 청나라 친왕 도르곤에게 시집간 의순공주가 압록강을 건너기 전 투신자결하고 족두리만 남았다는 것이다.

온 백성이 오랑캐에게 끌려간 사이 많은 권력자들은 자기 가족 안위를 챙겼다. 자식을 보내지 않기 위해 삼공육경三公六卿(현직 정승과 판서)은 앞 다퉈 사표를 냈다. 난세에 가장 먼저 희생되는 사람은 약자다. 가난하고 권세 없는 백성이 그 첫째다. 그리고 17세기 또 다른 희생자가 있으니, 여자女子였다. 오랑캐에게 한 번, 가짜 도덕군자들에게 한 번 희생된.

청나라 도르곤의 청혼

1650년 봄날 청나라에서 돌아온 사신 수행원 나업이 왕에게 이리 보고하였다. "상처喪妻한 구왕九王이 조선 국왕과 혼인을 맺고자 한다. 국왕 딸이 몇이며 몇 살인지 저들이 모두 안다. 혼인이 성사되면 대국에서 전적으로 믿게 될 것이다." 놀란 왕에게 나업이 말을 이었다. "현재 공주가 두 살이라 너무 어리니 저들이 '종실 여자 가운데 선택해도 무방하다'고 답했다."(1650년 3월 5일 『효종실록』)

인조를 이어 둘째 아들 효종(봉림대군)이 왕위에 오른 다음 해였다. 함께 청나라 심양에서 인질 생활을 하며 개방과 교린을 꿈꿨던 형 소현세자와 달리 효종은 대청 복수심을 잔뜩 키워온 왕이었다. 그런데 감히 오랑캐 따위가 내 딸을?

구왕 도르곤多爾袞은 청 태종 홍타이지 이복동생이다. 1644년 북경을 함락시켜 명나라 마지막 숨통을 끊은 사람이 이 도르곤이었다. 1643년 홍타이지 사후 그 아들 푸린福臨이 아홉 살에 황위에 오르자 섭정왕에서 숙부섭정왕으로, 황숙부섭정왕에 이어 황부섭정왕으로 격을 높여가며 권력을 강화해온 실질적인 최고 권력자였다.

그 오랑캐 권력자가 자기 딸을 아내로 삼겠다는 것이다. 이미 두 달 전 1월 28일 도르곤은 조선에 여자 간택을 위해 관리를 파견했다.(1650년 1월 28일 『세조장황제실록』) 그 관리가 조선 사신과 함께 와서 대기 중이었다.

'두 살 먹은 딸이 있다'는 나업의 말은 절반만 진실이었다. 효종은 딸 부자였다. 여섯은 왕비 장씨 소생이고 하나는 후궁 안빈 이씨 딸이었다. 요절한 맏딸과 결혼한 둘째를 제외하고 모두 미혼이었다.『경국대전』은 여자의 결혼 적령기를 14세로 규정하고 있지만 13세 이하라도 논의에 따라 혼인이 가능했다.(『경국대전』,「예전」,'혼가婚嫁') 그때 셋째 숙명공주는 열 살이었다. 이듬해인 1651년 이조참판 심지원 아들 심익현과 혼인할 때 숙명공주는 열한 살이었다.

이틀 뒤 청나라 칙사가 효종을 독대해 섭정왕 칙서를 바쳤다. '왕 누이나 딸, 혹은 근족이나 대신 딸 중 정숙하고 아름답고 훌륭한 자(숙미의행자淑美懿行者)를 택해 보내라.'(1650년 3월 7일『효종실록』)

자기 딸을 공식 면제받은 군주君主 효종은 안도했다. 그리고 전쟁이 시작됐다. 자기 딸은 지켰다는 군주의 이기심이 불을 당긴, 자기 자식은 죽어도 인질로 못 보내겠다며 정승과 판서 자리를 던졌던 도덕군자들의 위선 전쟁.

없다가 자꾸 나타나는 딸들

3월 12일 효종은 비변사에게 정2품 이상 관리들을 소집하라 명했다. 느닷없는 소집령에 한성 전체가 밤새 시끄러웠다. 이튿날 2품 이상 문신과 음서직(고위직 아버지를 통한 특채 관직)을 조사한 비변사가 보고했다. "한성 좌윤 허계 딸 외에는 다 결혼했거나 어리거나 없다고 한다." 그런데 비변사가 무신까지 확대해 재조사하니 판돈녕 민형남 손녀, 호조참판 여이재와 양원군 허선 딸과 무신인 행호군 박심 딸이 나왔다.

오전에는 없었던 문신들의 딸이 셋이나 나온 것이다. 무신 박심 딸을 대상에서 제외한 비변사는 이렇게 보고했다. "네 명'만으로는 시늉만 했다고 비난(색책^{塞責})받을까 두렵다." 과연 청나라 사신들이 따졌다. "2품 이상 녹을 먹는 자가 2백 인 이상인데 선발된 수가 이와 같이 적음은 무슨 일인가. 품계와 무관하게 여자를 고르라." 놀란 비변사가 왕에게 보고했다. "한낱 여자를 희생시켜(捐一女子·연일여자) 국난을 풀 수 있다면 신하로서 사양할 바가 아니다. 숨겼다가 드러나게 되면 사법처리하라고 명하시라."(이상 1650년 3월 13일『비변사등록』)

결국 비변사는 문무관과 음서직 3품 이상으로 후보군을 확대해 처녀 40명과 종실 처녀 16명을 골라냈다. 3월 14일 청나라 사신들이 처녀들을 면접한 청나라 사신들이 말했다. "하나같이 못생겼다. 우리를 시험하는 것인가?"

3월 20일 청 사신 파흘내 일행과 조선인 역관 정명수가 창덕궁 내전으로 들어갔다. 내전에는 종실 여자들이 기다리고 있었다. 한참 뒤 나온 파흘내가 말했다. "열여섯 먹은 여자는 행장을 꾸리고 열세 살 여자는 대기시키라." 마침내 도르곤의 아내가 간택된 것이다.

청나라로 시집간 의순공주

조정에서 저렇게 난리를 피웠시만 청나라로 보낼 처녀는 일찌감치 간택돼 있었다. 청나라 사신이 효종을 독대하고 이틀 뒤, 종실 관리부서인 종부시 제조 오준이 효종에게 이렇게 보고했다.

"일찍이 성상의 하교를 듣고 금림군錦林君이 스스로 말하기를 '딸이 있는데 자색姿色이 있다'고 하였나이다." 효종이 즉시 대답했다. "이미 선택하여 들어 오게 하였다(昨日己令選入矣·작일이령선입의)."(1650년 3월 9일『효종실록』)

금림군 이개윤은 효종과 10촌지간으로, 왕실 제사 담당관인 대전관代奠官 이었다. 모두가 자기 딸을 감추기에 급급한데 이개윤은 혼사에 관한 '성상의 하교를 듣고' 자기 딸 자랑을 했다는 뜻이었다. 3월 20일 청나라 사신들이 창 덕궁 내전에서 간택을 하고 나온 열여섯 먹은 처녀가 바로 '자색이 있는' 금림 군 딸이었다.

닷새 뒤인 3월 25일 효종은 금림군 딸을 의순공주로 삼았다. 금림군은 품 계를 올려주고 비단과 쌀과 콩을 후하게 내렸다. 4월 22일 의순공주가 청나 라로 떠났다. 효종은 한성 서쪽까지 나가서 그녀를 배웅했다. 시녀 열여섯 명 과 여자 의사, 유모가 호종했다. 도성 백성이 모두 비참해 하였다.

떠나기 전 공주를 호종할 사신들에게 왕이 일렀다. "명심하라. 금림군은 내 5촌이고 의순공주는 내 6촌이며 양녀다. 금림의 자식이 아니다."(1650년 3월 26일『승정원일기』) 효종과 10촌 형제뻘이던 금림군은 5촌 아저씨로 둔갑했 다. 11촌 조카딸은 6촌 누이며 동시에 양녀가 되었다.(한국학중앙연구원, '한 국역대인물종합정보시스템')

5월 1일 의순공주 오라비 이준과 이수가 인조릉인 장릉 참봉(종9품)과 행사 용 장막 관리부서 전설사 종8품 별검에 임명됐다. 금림군은 청 황실에서 보낸 채단 40필과 은 1000냥을 받고 4년 뒤 청나라에 동지사 겸 사은사로 떠났다.

국가와 왕실을 위한 충정으로 볼 수도 있다. 아닐 수도 있다. 100여 년 뒤 고증학자 이긍익은 아니라고 보았다. '오로지 나라를 위함이 아니라 청국에서 보내는 채폐采幣(혼인 선물)가 많음을 탐낸 것이다. 개윤은 집이 극히 가난했는데 부자가 되었다.'(『연려실기술』권30, 「효종조고사본말」, '청나라 사신이 사문하다')

　의순공주로 간택이 결정되고 사흘 뒤 효종이 관료들에게 이리 물었다. "근래에 사대부집에서 서로 다퉈 혼사를 치른다는데 사실인가?" 사정을 모르는 양반들이 간택을 면하려고 결혼행진곡을 벌인다는 소문이었다. 효종은 열 살 된 세자와 열한 살과 아홉 살 먹은 공주 혼인을 걱정하며 8~12세 사대부 자녀 혼인 금지령을 내렸다.(1650년 3월 23일『효종실록』) '두 살배기 공주 하나뿐'이라는 말은 삼척동자도 아는 가짜라는 자백이었다.

불쌍한 여자들, 그리고 위선

　13년 전인 1637년 병자호란이 터졌을 때 조선군 사령관은 김류였다. 병사 200명을 청군이 매복한 남한산성 북문 밖으로 내몰아 전멸시킨 장수였다.

　그 아들 경징은 강화도를 지키는 부대장이었다. 김포에서 경징이 자기 가족과 친구만 배에 싣고 다른 사람들은 건너지 못하게 하였다. 빈궁이 외쳤다. "경징아, 경징아 네가 차마 이런 짓을 하느냐." 사람들이 온 언덕과 들에 퍼져서 울부짖다가 적병이 들이닥치니 차이고 밟혀 혹은 끌려가고 혹은 바닷물에 빠져 죽어 바람에 휘날리는 낙엽과 같았다.(『연려실기술』권26, 「인조조고사본말」, '강화도가 함락되다')

　경징의 아들 진표는 그 아내를 다그쳐 자진하게 하였다. 할머니와 어머니에게 "적병이 가까이 왔으니 죽지 않으면 욕을 볼 것"이라 했다. 두 부인이 잇달아 자결했다. 일가친척 부인들도 모두 죽었다. 진표는 홀로 죽지 않았다.(『연려실기술』권26, 「인조조고사본말」, '순절한 부인들') 피바다로 변한 강화도 해변에 나문재나물이 자라는데, 사람들은 그 붉은 나물을 '경징이풀'이라고 불렀다.

숱한 여자들이 청으로 끌려갔다가 매우 저은 숫자로 돌아왔다. 환향녀還鄉女라 부른다. 이들에 대한 반응은 차가웠다.

1638년 신풍부원군 장유의 며느리가 청에 끌려갔다가 돌아왔다. 3월 11일 장유는 인조에게 "함께 제사를 지낼 수 없으니 이혼을 허가해달라"고 요청했다. 장유는 봉림대군의 장인이다. 같은 날 전 승지 한이겸이 "내 딸이 끌려갔다가 돌아오니 사위가 딸을 무시하고 새장가를 가려한다"며 노비를 시켜 원통함을 호소했다. 좌의정 최명길이 "몸을 더럽혔다는 증거가 없다"며 이혼 불가를 주장했다. 하지만 이 뒤로 사대부집 자제는 환향녀와 다시 합하는 자가 없었다. 실록 사관은 이혼 불가를 주장한 최명길을 '삼한을 오랑캐로 만든 자'라고 평했다.(1638년 3월 11일『인조실록』)

인천시 강화도 해변에 펼쳐진 나문재 밭. 해변을 붉게 수놓은 나문재는 병자호란 때 백성을 죽음으로 처넣은 한성판윤 김경징 이름을 따 '경징이풀'이라고도 불린다.

환향녀와 천보산 족두리 산소

1650년 12월, 의순공주를 '흰 소나무를 닮은 매(백송골白松鶻)'(성해응,『연경재전집속집』15,「제백송골설후題白松鶻說後」)'라 반겼던 도르곤이 죽었다('송골'은 몽골어로 '매'를 뜻한다. 백송골은 '흰 매'라는 뜻이나 이 글에서는 의순공주 미모를 은유한 단어로 풀이했다). 의순공주는 다른 사내에게 개가했다. 청실록은 도르곤의 형인 단중친왕 보로博洛에게 시집갔다고 기록했다. 새남편 단중친왕마저 죽자 1655년 동지사로 간 아버지 이개윤이 황제에 청하여 딸을 데려왔다.(1656년 2월 19일『청실록』) 돌아온 공주는 도르곤의 목소리를 듣고저 무당을 부르기도 하며 살다가 죽었다. 1662년 8월 18일이다.(1662년 8월 18일『현종실록』·이덕무,『청장관전서』69권, '의신공주')

1948년 소설가 이광수는 '인조가 "환향녀들은 홍제천에서 목욕을 하고 들어오라"고 명했다'는 '회절강回節江 신화'를 만들어냈다. 환향녀를 비난하는 세간 민심을 없애고 회절강에서 목욕을 하면 더러워진 절개가 다 씻겨진다고 인조가 명했다는 것이다.(이광수,「나의 고백, 홍제원 목욕」; 이명현,「환향녀 서사의 존재 양상과 의미」,『동아시아고대학』60집, 동아시아고대학회, 2020, 재인용)

경기도 의정부 천보산 기슭에 금림군 가족묘역이 있다. 동쪽 끝 비석 없는 묘는 '족두리산소'라 불린다. 의정부시 금오동 산 45-21, 산장아파트 뒷산이다. 사람들은 이 묘에 의순공주의 족두리가 묻혀 있다고 믿는다. 오랑캐 땅을 밟기 전 공주가 압록강에 투신해 족두리만 모셨다고 믿는다. 성리학적 도덕주의와 무책임한 남정네들 위선이 만들어낸 측은한 전설. 땅의역사

03 | 매국노 하나가
나라를 뒤흔든 시대가 있었다

병자호란과 가짜의 계보 3
: 매국노 정명수

경기도 고양시 고양동에 있는 벽제관지碧蹄館址는 조선시대 명·청 사신이 한성으로 들어오기 전 묵었던 객사다. 이들이 서대문 바깥 모화관에 이르면 국왕이 나아가 사신을 영접하곤 했다. 떠날 때도 마찬가지였다.

임진왜란 개전 보름 만인 1592년 4월 30일 밤 폭우 속에 경복궁을 떠난 선조가 점심을 먹은 곳도 벽제관이었다. 왕과 왕비만 반찬이 있었고 동궁 이하 전원은 맨밥을 먹었다.(1592년 4월 30일 『선조실록』) 이듬해 1월 27일 명나라 사령관 이여송 부대가 일본군 고바야가와 다카카게小早川隆景 부대에게 대패한 곳도 벽제관이었다. 전쟁 동안 반파된 벽제관은 쓰레기로 덮여 있었다.(1593년 윤11월 21일 『선조실록』) 인조 3년인 1625년 조선 정부는 고양군 관아를 5리 북쪽으로 이전하고 벽제관도 함께 이전했다. 6·25 때 불탄 뒤 주춧돌만 남은 폐허가 지금 벽제관지다.

그 사이 대륙은 청淸으로 넘어갔다. 벽제관 객사는 청나라 사신이 차지했

경기도 고양시 고양동에 있는 옛 중국 사신 숙소 벽제관지. 평안도 노비였던 정명수는 정묘호란 때 후금 포로가 된 뒤 역관으로 변신했다. 조선 지도부는 '굴마훈'으로 개명한 이 노비 위세에 눌려 인사와 외교를 농단당했다.

일제강점기까지 남아 있던 벽제관. [국립중앙박물관]

다. 사신 옆에는 사신보다 유세를 떨며 자기 나라를 등쳐먹은 자가 있었다. 직업은 역관譯官이었다. 청나라 권세에 올라타 오로지 일신영달에 매진했던 매국노 굴마훈孤兒馬紅, 역관 정명수鄭命壽다.

누르하치의 만주문자 창건

1599년 후금 태조 누르하치가 몽골문자를 개량해 만주문자를 창제했다. 1632년 그 아들 홍타이지가 이 문자를 더 개량한 이후 청은 모든 문서를 한자와 만주어와 몽골어로 기록했다. 청 관리는 한문을 읽지 못했고 조선 관리는 만주어를 읽지 못했다. (김선민, 「조선통사 굴마훈, 청역 정명수」, 『명청사연구』

41권, 명청사학회, 2014) 한자를 읽지 못하는 청 황실 예부 관리들은 심양에 인질로 가 있던 소현세자에게 "모든 일은 말로 하고 문자는 일체 쓰지 말라"고 했다.(『심양일기』, 이석호 역, 양우당, 1988, p78)

한문을 못 읽는 청나라 관리와 만주 글을 못 읽는 조선 관리 틈에서 권력이 자라났다. 조선 출신 청나라 역관이다. 문자는 몰라도 조선어와 만주어 회화에 능했던 사람들이다. 굴마훈 정명수가 그랬다.

조선 노비, 청나라 칙사가 되다

참으로 난세였다. 숱한 백성이 폭압적으로 청나라로 거처를 옮겼고 숱한 여인들은 여자라는 이유만으로 폭압적 수모를 겪었다. 부국강병에 더더욱 매진해야 할 숱한 권력자들은 권력으로 금력으로 자기네 몸을 보전했다.

난세를 극복하는 졸렬한 방법을, 천출인들 배우지 못 했겠는가. 정명수는 병자호란 때 심양으로 끌려간 사내였다.(『연려실기술』 권25, 「인조조고사본말」, '병자호란과 정축 남한출성') (그런데 이미 병자호란 때도 맹활약을 한 기록이 많으니, 정명수가 포로가 된 시기는 정묘호란인 듯하다) 원래는 평안도 은산(현 순천) 관노였다가 만주어를 익히며 병자호란 이후 조선 전담 역관으로 활동했다. 청으로 귀화한 그는 '굴마훈'이라는 이름도 얻었다. '토끼'라는 뜻이다.(김선민, 앞 논문, 2014)

두 나라 교린을 위해 힘쓴 역관이라면 좋았겠으나 굴마훈은 그렇지 못했다. 조선은 그를 '본래 교활하여 본국 사정을 몰래 고해바친 자'라고 했다.(1637년 2월 3일 『인조실록』) 청에서는 '조선을 다스리며 황명을 어기고 법도를 거스르며 권력을 남용한 자'라고 했다.(『동문휘고』 1(한국사료총서 24

집),「원편」38, '형부 정명수 감죄 원제 자문')

끌려갔던 노비 정명수는 호역胡譯, 정역鄭譯으로 불리다가 칙사로 임명돼 정사鄭使라 불렸다. 그리고 본 대로 배운 대로 흉내 내며 나라를 영달 도구로 삼았다. 이세 대출세를 한 조선 노비, 매국노 굴마훈이 자기 나라에 저질러놓은 행패를 구경해보자.

노비 정명수의 분풀이

병자호란 이후 기록에 나오는 조선인 출신 청나라 역관은 스무 명 정도다. (김남윤,「병자호란 직후 조청 관계에서 청역淸譯의 존재」,『한국문화』40권, 규장각한국학연구소, 2007) 김돌시, 박돌시, 이엇석 같은 이름으로 추정컨대 노비 출신도 상당수였다. 이들은 조선 정부 소속 역관들과 함께 소현세자가 살고 있는 심양관과 조선을 오가며 활동했다.

조선 담당 청나라 관리는 용골대와 마부대였다. 두 사람은 홍타이지의 이복동생 도르곤의 심복이었다. 정명수는 이들의 통역 역할을 넘어 조선 사정을 고해바치는 스파이를 자임해 칸汗으로부터 신임을 얻었다. (1637년 2월 3일『인조실록』) 청나라 실세를 등에 업은 정명수는 그 권력을 마음껏 개인 용도로 사용했다.

1633년 정명수는 후금 사신 통역으로 황해도 평산을 지나다 관아로 뛰어들어 현감 홍집에게 행패를 부렸다. 은산에서 노비로 있을 때 자기를 곤장 때린 분풀이를 한 것이다. (1633년 10월 22일『인조실록』) 행패를 익히 알고 있던 평안도 관찰사 홍명구는 병자호란 때 평양에서 정명수 사위 목을 베어버렸다. (이식,『택당집』별집 9권,「홍명구 행장」) 정명수가 천출로 겪은 설움과 개인적 원한은 복수심을 동반한 권력 남용으로 증폭됐다.

하늘 찌르는 오만한 권세

1637년 1월 남한산성에서 굶주리고 있던 조선 정부 관료들에게 청나라 역관 이신검이 귀띔했다. "정명수에게 뇌물을 주면 강화가 가능하다." 인조는 정명수에게 은 1000냥, 용골대와 마부대에게 각각 3000냥을 은밀히 뇌물로 바쳤다.(1637년 1월 13일『인조실록』) 17일 뒤 삼전도에서 항복의식이 치러졌다. 그리고 2월 5일 소현세자가 청으로 끌려갔다. 세자가 말을 멈추자 정명수는 채찍을 휘두르며 모욕적인 말로 재촉하여 경악하지 않는 이가 없었다.(1637년 2월 5일『인조실록』)

그 위세는 통제 불능이었고, 그래서 이용가치도 높았다. 용골대는 심양에서 정명수를 통해 소현세자로부터 여자 속환금 명목으로 은 200냥을 받아갔다. 정명수는 자기가 데리고 있는 여자도 돈 내고 속환하라고 요구했다.(1640년 5월 16일『심양장계』) 도르곤 또한 자기가 병이 있다며 귀한 약을 '몰래' '넉넉하게' 구해달라고 정명수를 통해 요구했다.(1643년 9월 6일『심양장계』)

호란 당시 조선 총사령관이던 김류는 용골대에게 자기 서녀 속환금으로 천금을 제시해 가난한 백성의 원망을 샀다. 답을 듣지 못한 김류는 정명수를 끌어안고 "판사와 더불어 일을 하게 됐으니 한 집안이니 판사 청은 내가 꼭 따르겠다"며 서녀 속환을 간청했다. 일국 사령관이 일개 역관을 종1품 판사라 불렀다.(나만갑,『병자록(남한산성 항전일기)』, 서동인 역, 주류성, p138)

패악과 인사 농단

'두 나라 사정은 일체 그가 조종하는 대로 되었다. 조정에서는 그 마음을 기쁘게 하려고 갑자기 높은 지위에 올려주고 또 그 피붙이들에게도 벼슬을 주었다. 그가 태어난 고을을 승격하여 은산부라고 하기에 이르렀다. 명수가 임금을 업신여겼으나 삼공과 육경은 질책과 모욕을 했을 뿐 감히 대항하지 못하고 오직 돈으로 달래려 애쓸 뿐이었다.'(『연려실기술』권26, 「인조조고사본말」, '삼학사')

조선 정부는 한심할 정도로 굴마훈에 끌려다녔다. 소란을 피우는 정명수의 기생을 정6품 병조좌랑이 제지했지만 오히려 병조좌랑이 정명수에 의해 몽둥이로 구타당했을 정도였다.(1639년 12월 2일 『인조실록』)

세자 교육기관인 심양 시강원 종3품 보덕 황감, 문학 신익전은 정명수 요구로 교체됐다. 1644년 사신으로 뽑힌 이덕형은 정명수 요구에 따라 다른 사람으로 교체됐다.(1641년 3월 8일, 25일, 1644년 4월 29일 『인조실록』) 이듬해 사신에 임명된 호조판서 민성휘는 자기가 정명수 심복을 처형한 옛 기억을 떠올리며 지레 보복이 두려워 사표를 던졌다. 평안감사, 은산부사, 강서현령도 정명수가 갈아치웠다.(1645년 11월 24일, 1647년 3월 3일 『인조실록』)

정부 내에 정명수가 심어놓은 간첩도 많았다. 평안도 무장과 수령은 대부분 정명수 청으로 임명됐다. 자연히 정명수는 군사, 외교 정보를 장악했다.(1651년 10월 23일 『효종실록』) 정명수 본인 또한 "우리 이목이 매우 많은데 우리를 속일 수 있는가"라며 정보력을 과시하고 다녔다.(1650년 3월 1일 『효종실록』) 정명수를 '판사'라 불렀던 영의정 김류는 "국가 안위가 모두 이 사람 희로喜怒에 달려 있다"고 했다.(1645년 8월 25일 『인조실록』)

노비로 천대받다가 오랑캐 관리가 된 사내, 그가 웃으면 나라가 살고 화를 내면 나라가 흔들렸다는 뜻이다.

세상이 어찌되든 나와 내 가족만

1639년 조선 정부는 정명수를 조선정부 종2품 동지중추부사에 임명했다. 정부는 임명 날짜를 1628년으로 소급해달라는 청까지 들어줬다. 매부 임복창은 군역을 면제받았다.(1639년 7월 1일 『인조실록』)

1643년 정명수가 역관에서 청나라 칙사로 승진했다는 소식이 전해졌다.(1643년 9월 26일 『인조실록』) 이듬해 4월 28일 정명수가 조선을 찾았다. "분수에 넘게 칙사 칭호를 얻었으니 영광이 더 할 수 없다." 영광으로 끝날 리가 없었다. "평안도 숙천 관비 사생四生은 내 조카다. 일을 시키지 말라. 또 다른 조카 이옥련은 문화현령에 임명해줬으니 고맙다. 그런데 이옥련은 내 부모 묘가 있는 영유현감으로 다시 전근 보내라." 정부는 요구대로 들어줬다.(1644년 4월 28일 『인조실록』) 이듬해 이옥련은 평안도 순천군수가 됐다. 품계는 목사급인 당상 통정대부로 승급했다. 이옥련은 친척 여동생인 사생을 첩으로 삼고 살다가 다툼 끝에 사생에 의해 살해됐다.(1645년 윤6월 6일, 11월 20일 『인조실록』)

역시 관노인 정명수 처남 봉영운은 만호萬戶에서 첨사僉使로, 군수로 속속 영전했다. 양심과 염치가 있던 봉영운은 "나는 천한 노예"라며 거부했다.(1639년 8월 6일 등 『인조실록』) 1648년 정명수는 정1품 영중추부사(조선시대 중추부에 두었던 정1품 관직)로 승진했다. 노비였던 조카 장계우는 그날 종4품 무관 강원도 방산 만호에 임명됐다.(1648년 3월 7일 『인조실록』) 처남, 조카에서 동생 사위까지 굴마훈 정명수의 혀는 무소불위^{無所不爲} 무소부재^{無所不在}였다.

매국노의 말로

1640년 마부대가 죽었다. 1648년 용골대가 죽었다. 그리고 1650년 12월 도르곤이 죽었다. 섭정에서 벗어난 청 황제 순치제는 죽은 도르곤의 권력 일체를 회수했다. 굴마훈은 '크게 근심하고 두려워하는 빛'을 보였다.(1651년 6월 3일 『효종실록』) 마른걸레 짜듯 남은 권력을 짜내던 정명수는 결국 모든 비리의 온상으로 지목돼 조사를 받았다.

1653년 4월 20일 청나라 형부에서 조선에 보낸 정명수 심문조서에는 이렇게 적혀 있었다. '천작위복^{擅作威福}(권력 남용)'. 죄상은 이러했다. '조선에 첩을 둘이나 둠. 황명에 앞서 사무 처리. 관리와 상인을 결박해 강제로 거래. 식품 부당 거래. 친인척 인사 농단. 뇌물수수 등등.'(『동문휘고』 1, 「원편」 38, '형부 정명수 감죄 원제')

사형을 면한 정명수는 재산을 몰수당했다. 본인은 노비로 추락했다. 통지를 받은 효종은 "죽이지 않고 살려뒀으니 뒷날이 걱정스럽다"고 했다.(1653년 6월 3일 『효종실록』) 만호에서 현감까지 올랐던 조카 장계우는 사형당했다. 정명수 고향 은산은 부^府에서 현^縣으로 강등됐다. 정명수 민원으로 면천됐던 노비들은 모조리 노비로 돌아갔다. 정명수 패거리 가운데 심한 자는 죽이고 가벼운 자는 유배 보냈다.(1653년 7월 3일, 15일 『효종실록』)

1640년부터 1657년까지 인질로 사신으로 열세 번이나 청나라를 왕래했던 효종의 동생 인평대군은 이렇게 기록했다. '정명수는 궁극에 달한 그 흉악함이 고금에 일찍이 없었다. 혹 지난 일을 한 번 생각하니 머리털이 위로 뻗친다.'(인평대군,『연도기행』下, 1656)

그런 시절이 있었다. 역관 하나가 남의 나라에 빌붙더니, 자기 집 곳간과 가족들 안녕만 챙기던 조선 지도자들의 상투를 쥐고 흔들던, 그런. 그에게 붙은 마지막 호칭은 '정적鄭賊', 도둑 정가놈이었다.(1657년 8월 19일『효종실록』) 땅의역사

4장

허세의 제국-대한제국

조선의 끝

전주 이씨 왕실의 시작, 전주 조경단

01 "김성근이는 참찬시켰고, 흉도들에게는 토벌대를 보냈다"

자기 집 일처럼 국정을 좌우한 왕비 민씨

진살제민(盡殺諸閔), 민씨는 다 죽인다

충청도에 살던 백락관은 골수 위정척사파 선비였다. 1882년 5월 4일 그가 상소를 한다. 승정원에서 상소를 고종에게 전달하지 않았는지, 백락관은 남산에 봉화를 피우며 그 원통함을 세상에 호소했다. 상소는 "국가를 위해 죽어야 할 의리는 없으나 감히 망언妄言을 올리며 부월鈇鉞의 죽임을 피하지 않겠다"고 했다. '부월'은 군법에 의해 도끼로 처형하는 형벌이다. 도끼에 맞아 죽더라도 할 말은 하고 죽겠다는 뜻이다.

상소는 개항을 반대하고 왜놈을 쳐 죽이고 왜놈과 부화뇌동하는 자들을 또한 쳐 죽이자는 내용으로 점철됐다. 다 수구 세력 입맛에 맞는 말이었다. 그런데 몇몇 문구가 문제였다. "전하의 골육대신骨肉大臣이 때를 틈타 일어나 전하의 총명을 가리며 내외에 선동하여." 고종의 '골육대신'들이 세상을 망쳤다는 뜻이다.

상소문에는 이렇게 돼 있다. "세자 책봉 문제를 왜 왜놈 하나부사 요시타다에게 의뢰해 구차하게 처리했는가."(1882년 5월 4일 『고종실록』) 세자 책봉을 청 황실로부터 허락받기 위해 일본 공사에게 청 황실에 로비를 했다는 주장이었다.

그때 고종에게는 세자가 있었는데 이름은 이척이었다. 1874년 왕비 민씨가 낳은 아들이다. 이미 고종에게는 1868년 후궁인 귀인 이씨가 낳은 완화군이 있었다. 민씨는 이 서장자庶長子에게 차기 왕권까지 빼앗길까 노심초사하던 터였다. 척사파들은 귀인에게 왕비 자리를 빼앗기지 않으려고 왕비가 '왜놈'과 결탁했다고 믿었다.

하나부사는 세자가 태어나기 전인 1872년 9월 잠깐 방한했었다. 조선 정부가 청 정부로부터 세자 책봉 허가를 받은 1875년 하나부사는 러시아에 근무 중이었다.(『일본 아시아역사자료센터』, 추밀원 고등관직, '하나부사 요시타다 이력서') 로비 청탁을 받을 상황이 아니었다. 하지만 '척사'와 '반 왕비'를 상상 속에 융합한 척사파들은 소문을 사실로 믿었다.

'골육'을 건드리고 왕비가 목숨처럼 아끼는 세자를 건드렸으니, 상소는 큰 문제가 됐다. 백락관은 즉시 남간南間에 구금됐다. 남간은 기결수, 특히 사형수를 수감하는 의금부 감옥이었다. 백락관의 운명은 결정돼 있었다.

그런데 한 달 뒤인 1882년 6월 9일 '굶주린' 군인 수백 명이 몰려와 남간을 파옥하고 백락관을 탈출시켰다. 열석 달 월미月米를 못 받은 군인들의 폭동, '임오군란'이다. 백락관을 탈옥시키기 전 사대문 안 민씨들의 집이 이들에 의해 불탔다. 군인들이 이리 말했다. "한 사람만 골라 처치하고(區處一人·구처일인) 나머지 민씨들을 다 죽인 뒤(盡殺諸閔·진살제민) 새 세상을 만들어 (홍

고종 왕비 민씨가 조카 민영소에게 보낸 편지들. 왼쪽부터 "나에게 존호 불가라 한 이용원 상소가 절절히 통분하다" (1883년 7월) "청황실 서태후 생일에는 우리 민씨네가 인사하여라"(1894년) "동학(東學)으로 번지기 전 토벌대를 보냈다"(1894년 이전) "조병갑은 그 자리 외에는 할 길이 없다"(1892년) "김성근이는 참찬(장관)시켰다."(1892년 4월 4일) [국립고궁박물관]

"나에게 존호 불가라 한 이용원 상소가 절절히 통분하다"(1883년 7월) [국립고궁박물관]

선대원군과) 태평을 누리리라." 그 한 사람이 바로 내전^{內殿}, 민비였다.(박주대,『나암수록』3권,「선혜청분요」)

민씨 세상과 임오군란

임오군란 원인은 학정^{虐政}이다. 무기 제조창인 군기시는 갑옷 열세 벌 값이 없어서 조달청 격인 선혜청에서 돈을 빌렸고 청나라 칙사 접대비, 왕실 혼례식 비용도 선혜청에서 분담했다. 이미 임오군란 전부터 하급 군인들의 폭동이 곳곳에서 감지되고 있었다.(김종원,「임오군란 연구」,『국사관논총』44집, 국사 편찬위, 1993) 선혜청 청장인 당상은 왕비 민씨 오빠인 민겸호였다. 민겸호는 병조판서를 겸하고 있었다.

이 '호^鎬' 항렬 아래가 '영^泳'이다. 민영익과 민영준(민영휘)과 민영환, 민영달과 민영소 이렇게 민비 조카 항렬들이 오래도록 정권 한가운데에서 권력을 휘둘렀다. 이 가운데 민영소에게 왕비 민씨가 보낸 편지들이 많이 남아 있다. 국립고궁박물관에 소장 중인 그 편지들을 보면 150년 전 척족 정권이 이 나라에 무슨 일을 했는지 적나라하게 알 수 있다. 몇 장만 열어본다.

"나를 무시한 상소가 통분하다"

임오군란 때 충청도 장호원으로 도주했던 민비는 두 달 뒤 기적 생환했다. 이듬해 7월 18일 여러 신하가 "중궁 은택으로 변란에 잘 대처했다"며 민비에게 존호^{尊號}(왕이나 왕비의 덕을 기리기 위하여 올리던 칭호)를 올리자고 상소했다. 이틀 뒤 좌의정 김병국과 우의정 김병덕, 예조판서, 참판, 참의가 역시 존호를 고종에게 청했다. 그러자 형조참판 이용원이 "재정이 가난해 벌어진 일인데 겉치레 행사는 불가하다"고 반대 상소를 올렸다. 고종은 행사를 불허했고, 머쓱해진 좌·우의정은 사표를 던지며 한성 밖으로 나가버렸다. (1883년 7월 20일 『고종실록』)

존호를 거부당한 중전 민비가 조카 민영소에게 편지를 쓴다. '이용원이가 오늘 상소를 하였는데, 구어句語가 (구절마다) 절절히 통분痛憤하다.'(국립고궁박물관 유물번호 '고궁 1196')

자기를 비판하는 상소에 대한 분노를 조카이자 병조판서인 민영소에게 폭발한 것이다.

당일에 승정원을 통해 올라온 상소를 정확하게 보고받고 있었다는 뜻이기도 하다. 여자가 공식 장소에는 나서지 않는 게 관례였다. 하지만 민비는 '주상과 김옥균이 대화를 나누는 사이 갑자기 침실로부터 나와 끼어들' 정도로 (김옥균, 『갑신정변 회고록』, 「갑신일록」, 건국대출판부, 2006, p97) 적극적이고 현실적인 정치가였다.

"흉도 토벌대를 보냈다"

1890년대는 극에 달한 삼정문란에 저항해 곳곳에서 민란이 벌어지던 시기였다. 1860년 최제우가 창시한 동학東學도 그 민란을 이끄는 잠재적인 무리였다. 1894년 동학농민전쟁이 터지기 전, 민비가 조카에게 편지를 쓴다.

'흉도凶徒가 끝내 안 그치니 불가불 토벌하는 부대(대토隊討)를 보낸다. 혹 동학당으로 침입하는 무리가 있으면 큰일이다. 병정 100여 명을 보낸즉 더 소란하고 소동될 일은 없을 듯하다.'(국립고궁박물관 유물번호 '고궁 1150')

그 무렵 청나라 실세 서태후가 생일을 맞았다. 왕비가 또 조카에게 편지를

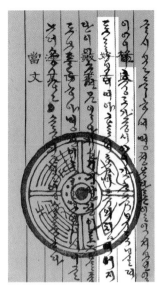

"흉도가 동학(東學)당으로 번지기 전 토벌대를 보냈다"
(1894년 이전) [국립고궁박물관]

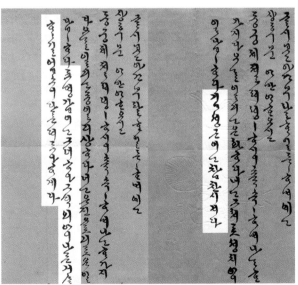

"조병갑은 그 자리 외에는 할 길이 없다"(1892년)(왼쪽) [국립고궁박물관]
"김성근이는 참찬(장관)시켰다."(1892년 4월 4일)(오른쪽) [국립고궁박물관]

쓴다. '어떠하든지 우리 민가閔家는 청국 황제 모자母子 생일에 가 인사하는 것이 좋으니 가는 것이 좋다.'(국립고궁박물관 유물번호 '고궁1187') 축하 사신은 정사에 이승순, 부사에 조병우가 선정됐는데, 부사 조병우는 상소로 자진 사퇴했다. 대신 민비 조카 민영철이 부사로 청나라로 떠났다.(1894년 1월 12일, 4월 24일『고종실록』) 민비는 민영철 편으로 금은보화를 더 보냈는데, 일본 눈을 피해 몰래 운반했다.(『매천야록』제2권 ⑥ 3. 성절사 북경 파견, 국사편찬위) 결국 동학 전쟁이 터졌다. 고종은 처조카뻘인 민영휘를 통해 청나라에 군사를 요청했고, 덩달아 파병된 일본군에 의해 농민군은 진압됐다.

"조병갑이는 다른 곳에 보낸다"

종교였던 동학이 민란으로 변하게 한 원인 제공자는 고부군수 조병갑이었다. 물세와 자기 아비 선정비 비각 건립비용을 강제하고 이를 항의하는 농민들을 죽인 자였다.

과거 급제한 흔적이 없는 이 조병갑은 고종 정권 내내 승승장구했다. 1889년 4월 조병갑은 영동 현감에서 고부군수로 옮겼다. 그 무렵 왕비가 조카에게 이렇게 편지를 쓴다. '조병갑이는 그러하나, 그 색色(관직) 외에는 나지 않아 다른 데로 하겠다.'(국립고궁박물관 유물번호 '고궁 1178')

무슨 말이냐. 당시 지방관地方官은 다양한 방법으로 돈을 벌 수 있는 요직이었다. 그런데 임기가 만료돼 조병갑이 중앙으로 복귀한 것이다. 그때 민비가 조병갑 민원을 들어주지 못하고 일단 다른 보직을 주겠다는 뜻이었다. 결국 조병갑은 1892년 4월 2일 중앙부서인 기기국 위원이 됐다가 26일 만인 4월 28일 고부군수로 복귀했다.(1892년 4월 2일, 4월 28일『승정원일기』)

고종 왕비 민씨의 조카 민영소(1852~1917) 선정비

2년 뒤 조병갑은 고부를 전쟁터로 폭발시켰다. 조병갑이 기기국으로 발령
난 다음 날 의정부 우참찬에 김성근이 임명됐다. 다음 날 민비가 조카 민영소
에게 이렇게 편지를 썼다. '김성근이는 참찬시켰다.'(국립고궁박물관 유물번
호 '고궁 1204') 왕이 아닌 왕비가 자기 측근을 장관에 임명했다는 말이다.

"과다하게 받아 불안하지만…"

같은 민씨 집안 인사는 물론이고 이렇듯 바깥 사람들 인사에도 왕비는 적
극 개입했다. 반대급부는 당연했다. 고종-민씨 정권 내내 존재했던 매관매직

"강계로부터 과다하게 물건이 왔으나 넉넉하게 잘 썼다"
(왼쪽) [한국학중앙연구원], "통영 통제사 편으로 5000
냥을 만들어 보내라"(오른쪽) [한국학중앙연구원]

賣官賣職이다. 일말의 죄의식 혹은 염치 또한 존재했다. 날짜와 연도 미상의 편
지에서 민비는 조카에게 이렇게 고백했다. '강계에서 온 것은 자세히 보았으
나 너무 과다하니 불안하다.'(「명성황후가 민영소에게 보낸 편지」 94, 『한국학
중앙연구원』) 지방에서 상납한 물건이 과다하다는 말이다. 그런데 '재정이 옹색
해 넉넉하게 썼다'는 추기가 붙어 있다. 심지어 조카 민영소에게 '통영에 있는
삼도수군통제사로 하여금 현지에서 5000냥만 얻어주게 하라'는 노골적인 상
납 요구도 들어 있었다.(「1894년 명성황후가 민영소에게 보낸 편지」 1, 『한국
학중앙연구원』)

그리고 다른 편지에는 이렇게 적혀 있다. '각처 진헌進獻(올린 물건)과 네 자
상子償('백성의 갚을 것' 즉 백성에게서 거둔 것)은 (주상께) 다 잘 바쳤다. 문임
文任(제학提學) 자리는 그렇게 하겠다.'(국립고궁박물관 유물번호 '고궁 1163')

매관매직은 왕비 혼자 한 일이 아니요 고종 부부가 함께 벌인 일임을 명백하게 알 수 있는 편지다.

붕괴된 통치 시스템과 '명성황후'

전통적인 조선 왕조 통치 원리는 왕권王權과 신권臣權의 상호 견제였다. 왕도 관료 집단도 자의적인 정치는 불가능했다. 연산군과 광해군은 이를 파괴한 혐의로 왕위에서 쫓겨났다. 그런데 이 시스템이 고종 정권에서는 전혀 작동하지 않았다.

이유는 명확했다. 1873년 고종 친정 선언 이래 왕권 견제 기능을 할 신권은 고종 척족인 여흥 민씨 세력에 독점돼 있었다. 국방에서 경제까지, 포상과 처벌 그리고 인사까지 이들 민씨 척족과 왕이 공동으로 권력을 행사했으니, 500년 전 정도전이 조선 개국과 함께 꿈꿨던 '재상宰相 정치'는 불가능했다. 견제 불가능한 공생 권력에 국방은 무너졌고 경제는 부패했고 인사는 농단됐다.

왕비 민씨에 대한 기록은 거의 남아 있지 않다. 그런데 그녀가 쓴 이들 편지를 읽어보면 큰 사건마다 주어主語는 왕비다. 그리고 그 뒤에는 남편 고종이 있었다. 더 많은 편지는 국립고궁박물관 소장품 검색페이지에서 '명성황후 한글편지'를 검색하면 볼 수 있다.

임오군란 군인들이 구출했던 백락관은 이듬해 결국 목이 잘려 죽었다. 참수 수단이 상소에 나오는 도끼였는지 망나니 칼이었는지는 알 길 없다. 그때 나라가 그랬다. 이래서 그랬다. 많은 이가 '조선의 국모 명성황후'라 부르는 고종 왕비 민씨의 편지들 이야기였다. 땅의역사

02 | 예천 금당실 솔숲에 숨은
근대사의 비밀

나라를 가지고 놀았던 법부대신 이유인의 일생

살기 좋은 경상도 예천 금당실 마을에는 소나무 숲이 있다. 왕비 민씨가 죽고 무당 진령군이 사라지고 난 뒤에도 고종 최측근으로 권력을 유지했던 전 법부대신 이유인 흔적이다.

금당실 마을에 있는 '반서울로' 이정표. '위세가 서울 반쯤 된다'는 말에서 나왔다.

금당실은 경상북도 예천에 있다. 사람들은 옆마을 맛질과 합쳐서 '금당 맛질 반¥서울'이라고 했다. 온전히 서울까지는 못 되더라도 그 위세만큼은 서울 절반은 된다는 말이다. 지금도 금당실 한가운데 난 도로 이름은 '반서울로'다.

양주대감 이유인李裕寅은 그 금당실에 살았다. 경남 김해에 살다가 와서 아흔아홉 칸 고래등 같은 집을 짓고 살았다. 청운의 꿈을 안고 상경한 지 5년 만에 이유인은 양주 목사가 되고 이듬해 한성부 판윤이 되었다. 그리고 6년 뒤 대한제국 법부대신이 되더니 지금으로 치면 검찰총장에 대통령 비서실장에 대법원장에 도지사까지 두루 지내고 죽었다.

그가 반서울 금당실에 살았다. 상경해서는 무당이랑 살았다. 무당 이름은 박창열이다. 사람들은 그 무당을 진령군이라고 불렀다. 그사이 금당실에 울울창창하던 송림松林은 반토막이 되었다. 반서울 예천 금당실에 숨어 있는, 처세는 물론 나라 말아먹는 데 달인이었던 위세롭기 짝이 없던 한 사내 이야기.

무당 진령군과 귀신 부리는 사내

1882년 임오군란 때 도망간 고종 왕비 민씨는 피란지 장호원에서 무당 박창렬을 만났다. 군인들의 월급 떼먹고 살던 오라버니, 선혜청 당상 민겸호가 난군에게 맞아 죽었으니 앞날이 캄캄한 터였다. 예쁜 무당 박창렬은 그녀에게 팔월보름 전 환궁을 예언했고, 실제로 그리되었다. 무당과 동행 환궁한 왕비는 그녀에게 진령군 군호를 내려주고 '언니'라 부르며 궁궐에 함께 살았다.(황현,『오동나무 아래에서 역사를 기록하다(오하기문)』, 역사비평사, 2016, p87) 살다가 입방아에 오르자 진령군은 혜화동에 사당을 지어 나갔다. 2년 뒤 갑신정변 때 고종과 왕비는 이 사당 '북묘北廟'로 도망가 목숨을 부지했다.

그때 금당실에 살다 장안에서 떠돌던 이유인이 무당을 찾아와 이리 말했다. "내가 귀신을 부리고 비바람을 일으키는 귀인이다." 며칠 뒤 깊은 밤, 이유인은 목욕재계를 한 무당과 함께 북한산 심산유곡에 들어가 귀신을 불렀다. "동방청제장군東方靑帝將軍 나와라." 푸른 옷을 걸친 귀신이 팔짱 끼고 나왔다. 간이 쪼그라든 진령군 옆에서 또 귀신을 불렀다. "남방적제장군南方赤帝將軍 나와라." 네모진 눈에 붉은 눈동자가 툭 튀어나온 10척 장신 귀신이 입에서 피를 뿜으며 튀어나왔다. 무당이 자신보다 신통력이 몇 배인 사내에 대해 고종과 왕비에게 이야기하니, 사내는 1년 만에 양주목사가 되었다.(『매천야록』제1권 上 1894년 이전 ⑩ 27. 이유인과 진령군)

이후 이유인의 승진력은 비현실적이다. 충북 충주 국망봉에 있는 이유인 묘비에 따르면 1885년 무과에 등과한 이래(정작 무과 합격자 명단인 무과 방목에는 이름이 없다) 파주목사(1888), 양주목사(1889), 한성부판윤(1890), 함남병마절도사(1894)에 이어 마침내 과거 합격 13년, 귀신 놀이 13년 만에

1898년 6월 9일 대한제국 법부대신에 오른 것이다. 이후에도 관리원(대법원) 원장 서리, 경무사(검찰총장), 시종원경(비서실장) 따위 벼슬을 두루 맡았다.(백촌한국학연구원 김봉균 조사)

국왕 농락하며 축재한 이유인

벼슬만 노렸다면 탐관貪官에 그쳤겠으나, 이유인은 벼슬로 돈을 긁어모은 지저분한 관리(오리汚吏)이기도 했다. 이유인은 병약한 왕자를 걱정하는 왕비 속을 긁어 돈을 긁었다.

왕실 식재료 담당 부서는 명례궁明禮宮이다. 명례궁은 중궁전中宮殿 소속이다. 1853~1854년 명례궁 연평균 수입은 3만 2954냥이다. 1892~1893년 연평균은 291만 6290냥으로, 물가 상승률을 감안하면 3.8배 증가했다.(이영훈, 「대한제국기 황실재정의 기초와 성격」,『경제사학』51권 0호, 경제사학회, 2011)

1893년 명례궁 지출액은 444만 6912냥이었다. 이 가운데 식재료비가 354만 2335냥이었다. 이해 왕실에서 지낸 고사와 다례는 모두 29회였다. 연회 또한 37회였다. 1894년 2월에는 220만냥을 들여 왕의 생일 축하파티를 벌였다. 1853년 이래 균형을 유지했던 명례궁 수지收支는 1884년 이후 급속도로 적자로 돌아서 1893년에는 적자가 자그마치 150만 냥이었다.

바로 이 1884년부터 1893년까지가 무당 진령군과 사내 이유인이 왕비 옆에 들러붙어 나라를 가지고 놀던 그 시기다. "금강산 일만이천봉에 쌀 한 섬과 돈 열 냥씩 바치면 나라가 평안하다"는 계시에 국왕 부부는 꼼짝없이 나랏돈을 제수비로 바쳤다.(『매천야록』제1권 上 1894년 이전 ⑦ 22. 세자를 위한 명산 기도) 봉우리에 바친 돈을 산이 먹었을 리 만무하니, 그 돈 종착역이 어디였는지는 충분히 짐작이 간다. 1897년 대한제국시대에도 명례궁 돈은 왕비 민씨 혼전魂殿(위패를 모신 전각)에 올리는 제사상과 황제에게 올리는 잔치에 사용됐다.

돈과 권력을 장악한 그들의 집은 문전성시를 이뤘다. '그의 말 한 마디에 화복이 걸려 있어 수령과 변장들이 그의 손에서 나오기도 하였다. 염치 없는 자들이 간혹 자매를 맺기도 하고 혹은 양아들을 맺자고도 하였다.'(『매천야록』 제1권 上 1894년 이전 ⑩ 26. 중궁과 무녀 진령군)

—
금당실 골목길

1894년 갑오개혁 때 진령군은 거열형을 선고받고 기록에서 사라졌다. 처형했다는 기록도 없다. 그냥 사라졌다. 이유인은 죽을 때까지 권력을 놓지 않았다. 처형과 유배를 주장하는 상소에 고종은 처형은 유배로 낮추고, 유배는 몇 달 만에 특사로 풀어주는 특별사면을 내리곤 했다. 귀에 발린 소리를 하는 이유인 외에는 아무도 믿지 않은 것이다.

금당실에 지은 구중궁궐

금당실은 임진왜란 전 남사고南師古가 십승지 가운데 하나라 부른 곳이다. 금당실은 아름답다. 뒤로 오미산이 한가롭고 사방으로 들판이 기름지다. 지

금도 옛 돌담이 그대로 남아 관광객을 부른다. 임진왜란 때 권력자 눈 밖에 났던 군인 이순신을 "죄가 없다"며 처벌 불가라 했던 약포 정탁이 이 마을에서 태어났다.

그 금당실에서 이유인은 '양주대감'이라 불린다. 1901년 이유인은 경북 관찰사로 임명됐다. 1899년 아들 이소영이 예천군수로 임명돼 있었다. 이소영은 고향이 예천이니, 예천군수 발령은 가족 간 연고지를 피해야 하는 조선 법 '상피제相避制'에 어긋난다. 이런 무리한 특혜인사를 강행한 데는 특수한 목적이 있었을 터인데 나중에 알고 보니 바로 금당실 아흔아홉 칸 저택 신축이었다.(김봉균, 『예천지명 유래』, 예천문화원, 2016, p360)

집을 지으려면 목재가 있어야 한다. "그 대신이 그 집을 지을 때는 전부 촌으로 배당을 돌렸어.(소나무숲까지) 오십 리가 넘어. 밤새도록 줄을 꼬아서 그 길을 메고 와야 된단 말이지. 그리고 그 뭐 뭐 하나도 안 주고 부역을 시키거던. 올라갈 때는 고마 그냥 올라갔부러. 이 양주대감이 나라 조회에 드가며는 나라 임금도 용상에 앉았다 일나섰다 앉아야 돼."(예천 임재해 등 증언, '한국구비문학대계', 한국정신문화연구원, 1984)

품삯 한 푼 안 주고 이유인은 대궐 같은 집을 지었다. 황제와 관련 있는 집인 양 떠들어 왕실 조림지 목재를 베어다 목재로 썼고, 금당실 대대로 내려오는 마을 송림을 베기도 했다. "혹 뭐 나라 전쟁이 나고 그러면 피해서 올 적에. 법부대신으로 있으니께네 일로 가서 피할라꼬 그래 집을 짓고 큰 기와를 짓다고 그랬었어요."(예천 박춘수 증언, '한국구비문학대계', 1984)

이유인은 현감인 아들과 함께 '세금 면제'를 조건으로 마을 뒷산을 자기 땅으로 빼앗았다.('한국구비문학대계') 마을 길목에 있는 집터는 2500평 정도

금당실 마을에서 10분 거리에 있는 병암정. 이유인이 지은 정자 옥소정을 다른 문중에서 매입해 병암정으로 바꿨다.
풍광이 탁월하다.

충북 충주 국망봉에 있는 이유인 무덤. 이유인을 연구했던 백촌한국학연구원 김봉균은 "아무리 뒤져봐도 나라를 위해 한 일은 찾을 수 없었던 인물"이라고 결론을 내렸다.

다. 이곳에 99칸을 지으려면 기와가 10만 장이 넘고 필요한 소나무는 부지기수였다. 예천 출신 학자 김봉균은 "지금 송림은 목재로 쓸 만한 장송은 단 한 그루도 없다"고 했다.

그가 죽고 99칸 집은 죄다 뜯겨 팔려나갔다. 금당실 마을 군데군데 그 집 흔적들이 숨어 있다. 집 짓기 전 집터에 있던 집 반송재는 마을 안쪽으로 옮겨 동생 이유직이 살았다. 그 집은 그대로 남아 있다. 금당실에서 10분 거리에 있는 정자 병암정은 원래 이유인이 지은 옥소정이었다. 그 정자를 다른 문중이 사서 지금 병암정이라는 정자로 사용 중이다.

그 천하의 이유인이 1907년 죽었다. 『황성신문』에 따르면 이유인은 1907년 6월 20일 독직 사건으로 수배를 받다가 김해에서 검거됐다. 그때 그는 소매깃 없는 남색 전복을 입고 가슴에는 복숭아색 관대를 차고 머리에는 금관자와 명주갓을 쓰고 있었다. 서울로 압송될 때 밀양에서 잠깐 쉬었는데 이유인은 다음 날 잠자다 죽었다. 아들 소영이 그 시신을 수습해 엿새 뒤 왕비 민씨가 숨어 살던 충북 충주 국망봉 높은 곳에 묻었다. 그래도 금당실에는 그 영화가 아직 남아 있다. "이양주 대감이 여게 궁궐을, 그래서 반경半京이라 그러지요, 반서울이라꼬, 금당 맞질 반서울이라는 이름이 있습니다, 아직도."(예천 박연식 증언, '한국구비문학대계', 1984)

***

그 이유인을 정신문화연구원은 '한민족문화대백과사전'에 '항일운동가'라고 적어놓았다. 애국계몽운동단체 보안회를 해산시키려 한 이유인을 보안회 부회장으로 국권회복운동에 앞장섰다고 적었고(1904년 7월 23일『황성신문』) 또 다른 애국단체 공진회가 탐관오리 제1적賊으로 붙잡은 이유인(1904년 12월 24일『윤치호일기』)을 '공진회사건으로 구속됐다가 이듬해 석방됐다'며 마치 좋은 일을 한 듯 기록했다. 참으로 어이가 없다. 2011년 충주 온 산을 뒤져 이유인 무덤을 찾아낸 김봉균이 말했다. "그 어떤 방식으로도 나라를 위해 한 일이 없는 사람이라, 논문을 쓰려다가 말았다"고. 그런 사람이 항일운동을 했다고, 한다. 땅의역사

03 | 사람들은 "왜 난리가 일어나지 않을까" 탄식하였다

선정비에 은폐된 구한말 부패시대

조선 팔도에 두루 퍼진 민씨 선정비

경기도 광주 남한산성 초입 비림碑林에는 역대 광주 유수 선정비가 즐비하다. 그 가운데 민영소閔泳韶의 영세불망비가 보인다. 충청남도 공주 공산성 입구에도 비림이 있다. 여기에는 민씨 선정비가 두 개다. 하나는 도순찰사 민치상閔致庠, 하나는 판관 민두호閔斗鎬의 영세불망비다. 현종 때 삼척부사 미수 허목의 '척주동해비' 비각이 있는 삼척 육향산 기슭에는 관찰사 민영위閔泳緯의 유혜불망비遺惠不忘碑가 있다.

이들이 누구인가. 민영소는 훗날 '일한합방' 공로로 총독부에서 조선 귀족 작위를 받은 인물이다. 민치상은 1882년 임오군란 때 살해 대상이 됐던 인물이다. 민두호는 백성의 돈을 긁는 데 이골이 나 사람들이 '민 쇠갈고리'라 부른 관료였다. 민영위는 '여주의 망나니'라 불린 사람이었다.(『매천야록』 제1권 下 1894년 이전 ④ 1. 이용직과 민형식 등의 음사, 탐학과 이응서의 선정) 그런데

충남 공주 공산성에 있는 도순찰사 민치상의 영세불망비(왼쪽)와 강원도 삼척에 있는
관찰사 민영위의 유혜불망비(오른쪽)

민영위 비석에 새겨진 '유혜불망'은 '남긴 은혜를 잊지 못하겠다'는 뜻이다. 과
연 그러했겠는가.

민씨로 채워진 권력 집단

1873년 겨울 고종이 친정을 선언했다. 10년 전인 1863년(양력 1864년) 아
버지 대원군 힘으로 오른 권좌였고, 10년 동안 아버지 그늘 속에서 숨죽이며
기다리던 순간이었다. 새로운 권력 기반은 왕비 민씨를 등에 업은 민씨 척족
이었다. 그래서 고종 정권, 특히 1880년대를 '민씨 척족 정권기'라 부른다.

1878년 10월 1일 이조판서 민규호가 예조판서에 임명됐다. 엿새 뒤 고종은 민규호를 우의정에 임명했다. 10월 15일 민규호가 죽었다. 그가 죽기 이틀 전 고종은 민규호의 아들 민영소를 직부전시直赴殿試하라고 명했다. 1, 2차 과거를 면제하고 곧바로 최종 시험인 전시 응시 자격을 주라는 뜻이다.(이상 『고종실록』)

황현은 이를 곱게 보지 않았다. '규호가 죽기 전 정승 직함 하나를 원하므로 즉일 그를 우의정으로 임명하였다. 그 아들 민영소를 다음 날 대과에 급제시키자 대원군이 고함을 쳤다. "정승을 하고 싶다면 정승을 시키고 급제하고 싶다면 급제시키니, 지금이 민규호 세상인가?"'(『매천야록』 제1권 上 1894년 이전 ⑦ 15. 민규호의 사망) 하급 군인 반란인 '임오군란'(1882)과 급진 개혁을 시도한 '갑신정변'(1884년)을 청국清國에 의지해 진압하면서 척족 정권은 맷집이 강해져갔다.

허울 좋은 개혁, 내무부 시대

1884년 5월 고종은 새로운 권력 기구인 내무부內務府를 설치했다. 내무부는 왕실 내외 사무를 총괄하는 관청이었다. 청나라를 본뜬 개혁 사무 또한 내무부가 책임졌다.

군사에서 재정까지 내무부 권력은 무한했다. 우선 친인척이 같은 부서에서 함께 근무할 수 있었다. 중앙 관직은 물론 주요 5대 지방청인 경기감사와 수령, 개성유수와 강화유수, 광주유수와 수원유수도 내무부 당상관이 겸직할 수 있었다. 1886년에는 재정을 맡은 호조판서와 선혜청 당상 또한 내무부 당상관이 겸직할 수 있게 됐다.

1887년 이후 민응식, 민영익, 민영환과 민영준이 장기간 내무부 최고 관직인 독판督辦 일곱 자리를 장악했다. 1893년과 1894년 2년 동안 독판 과반수가 민씨였다. (한철호, 「민씨척족정권기 내무부 관료 연구」, 『아시아문화』12권, 한림대 아시아문화연구소, 1996)

내무부가 주도한 개혁은 부실하기 짝이 없었다. 강병强兵 정책이 대표적이다. 군사는 '각국 사관이 여러 방법으로 군대를 만들었다.' 무기는 '미국, 일본, 러시아, 프랑스 소총이 모두 섞여서 마치 에티오피아 군대처럼 다양한 총포를 갖고 있을 뿐 아니라 탄환도 다 각기 달랐다.'(「프랑스어학교 교장 에밀 마르텔의 회고」, 『한국개화사연구』, 이광린, 일지사, 1969, p170~171) 청나라에서 도입한 무기 공장 기기창은 화약과 극소량 소총 제작과 무기 수리 위주로 운영됐다. (김정기, 「1880년대 기기국, 기기창의 설치」, 『한국학보』4권 1호, 일지사, 1978) 임오군란 후 조선을 속국화한 청나라는 근본적인 근대화를 허용하지 않았다. 척족 정권은 재정과 군사력 장악에 치중하며 자강自强을 위한 개혁을 외면했다. (한철호, 「민씨척족정권기 내무부 관료 연구」)

견제 없는 권력

1892년 황현이 이렇게 기록한다. '세상에서는 민씨들 가운데 세 사람을 도둑으로 지목했다. 서울의 민영주, 관동의 민두호, 영남의 민형식이 바로 그들이다. 평안도 관찰사와 삼도수군통제사는 10년 넘게 민씨가 아니면 차지할 수 없었다. 저 민형식은 고금에 다시 없는 탐관오리였다. 백성은 그를 '악귀' 혹은 '미친 호랑이(광호狂虎)'라고 부르기도 했다.'(황현, 『오동나무 아래에서 역사를 기록하다(오하기문)』, 역사비평사, 2016, p92~93)

1890년 윤2월 9일 고종은 민두호를 '특별히 발탁해(특탁特擢)' 춘천부 유수로 임명했다. 유수留守는 군사 권한까지 가진 강력한 지방관이다. 개성, 수원, 강화와 광주에 이어 다섯 번째 유수였다. '특탁'은 정식 임용 절차가 없는 왕명에 의한 인사를 말한다.

석 달 뒤인 5월 30일 내무부에서 "춘천유수 민두호가 병영 공사비 부족을 이유로 세금 납입이 곤란하다고 한다"고 보고했다. 고종은 "1887년 이후 상납한 돈과 곡식과 물건을 영원히 받지 않겠다"고 답했다.(1890년 5월 30일 『고종실록』)

그때 내무부 수장인 독판 중 한 명이 민영익이었다. 각 독판 휘하 협판 가운데 네 협판을 민영환, 민영소, 민영달, 민영준 4인이 맡고 있었다. 민영준은 민두호의 아들이었다. '민두호가 부임한 지 몇 년 지나지 않아 강원도 백성은 먹고살기 힘들어져 뿔뿔이 흩어지는 사태가 줄지어 일어났다. 백성들은 두호를 '민 쇠갈고리', 민영주를 '망나니'라 불렀다. 조선팔도 사람들은 "왜 난리가 일어나지 않을까?"라고 장탄식했다.'(황현, 『오동나무 아래에서 역사를 기록하다(오하기문)』, p92~93)

1894년 동학전쟁이 터졌다. 농민군은 "뼈가 부서지더라도 민영준 축출"이라고 주장했다.(『주한일본공사관 기록』1권, 2. 전라 민요 보고 궁궐 내 소요의 건 2 (25)일·청 양국군 내한에 따른 국내외 탐정 보고, 1894년 6월 12일) 농민란 진압 와중인 그해 6월 좌찬성 민영준은 백성 재물로 자기 배를 살찌워 원망을 산(聚斂歸怨肥己·취렴귀원비기) 혐의로 유배형을 받았다. 전 통제사 민형식, 민응식, 전 경주부윤 민치헌도 유배형을 받았다.(1894년 6월 22일『일성록』) 그런데 이들은 1년 만에 모두 사면받았다.(1895년 7월 3일『고종실록』)

월미도 사건과 민영준의 개명

1899년 8월 인천 월미도 일대가 요시카와 사타로吉川佐太郎라는 일본인에게 불법 매각된 사건이 터졌다. 요시카와는 '일-미-러 3국의 석탄 저장고와 민가 53호 외 빈 땅은 대일본인 요시카와 사타로 소유'라는 팻말을 월미도 입구 네 군데에 걸어놓고 자기 땅이라 주장했다. 그때 대한제국에서 외국인 토지 소유는 불법이었다.

수사 결과 전 비서원경 민영주가 요시카와에게 뇌물을 받고 벌인 일이었다. 민영주의 아들 민경석은 이를 수사하던 평리원 재판장 김영준에게 사건 무마를 청탁했다. 김영준은 민경석에게 "민영환과 민병석을 죽인 뒤 러시아 공사관에 총을 쏘면 일이 덮일 것"이라고 귀띔했다. 그 참에 자기 정적들을 제거하겠다는 계획이었다.

곧 이 황당한 전모가 드러나고 김영준은 교수형을 당했다.(『사법품보』乙 29: 「평리원에서 김영준·주석면·민경식·김규필의 구형에 대해 문의 1901년 3월 18일」등, 국사편찬위) 민영주는 유배형을 받았다가 넉 달 뒤 특별사면 받았다.(1899년 음11월 9일 『승정원일기』) 평리원 재판장 김영준과 이름 발음이 같았던 민영준은 사건 경과를 지켜보다가 민영휘로 개명했다.(『매천야록』 제3권 1901년 ① 8. 주석면의 본관 바꿈)

망국, 그리고 토지왕 민영휘

1931년 잡지 『삼천리』 1월호는 「조선 최대 재벌 해부」 기사에서 민영휘 재산을 농토 5만 석(600만~700만 원), 가옥 100만 원, 주식 100만 원을 포함해 1000만 원으로 추정했다. 그해 총독부 예산은 2억 5000만 원이었다.

1902년 대한제국 토지대장『양안』에 따르면 민영휘는 충북 충주에서만 논 133필지 54정보, 밭 90필지에 10정보를 가지고 있었다. 충주는 1882년 임오 군란 때 왕비 민씨가 도피했던 곳이다. 민영휘는 부재지주였고 농사는 소작 인 159명이 했다. 이 가운데 118명은 땅이 없다시피 한 영세농이었다.(남금 자,「대한제국기 민영휘의 충주 일대 토지 소유와 경영 사례」,『한국근현대사 연구』65집, 한국근현대사학회, 2013)

나라가 망하던 1905년부터 민영휘를 상대로 토지 반환 소송이 봇물처럼 터졌다. 전체 소송 16건 가운데 2건은 아버지 민두호, 14건은 민영휘 본인이 가져간 땅과 돈을 돌려달라는 소송이었다. 1909년 1월에는 소송 9건이 동시 에 진행되기도 했다.(1909년 1월 1일『대한매일신보』) 민영휘는 재산을 정리 하고 상해로 이민을 시도하기도 했고, 소송을 보도한『제국신문』에 소송을 걸 겠다고 협박하기도 했다.(1909년 2월 25일, 6월 29일『대한매일신보』·이상 오미일,「관료에서 기업가로-20세기 전반 민영휘 일가의 기업 투자와 자본 축 적」,『역사와 경계』68권 0호, 부산경남사학회, 2008, 재인용)

현재 서울 가회동 북촌한옥마을 제6경으로 꼽히는 가회동 31번지는 민영 휘 아들 민대식 소유였다. 5447평이었다. 민영휘는 박영효와 함께 그 위쪽 1 번지 땅 2519평 공동 소유주였다. 31번지 일대는 1930년대 주택 개발업자 정세권에 의해 현재 한옥 마을로 재개발됐다. 인사동에 있었던 민영휘 집은 1672평이었다.(『북촌: 경복궁과 창덕궁 사이의 터전』, 서울역사박물관, 2019, p140) '은혜를 백골난망하여 세운' 저 선정비들에는 이런 사실이 없다. 땅의역사

공주 공산성에 있는 판관 민두호의 영세불망비(왼쪽)와 남한산성에 있는 광주유수 민영소의 영세불망비(오른쪽)

04 나라가 유학 보낸 그들을,
나라가 버렸다

갑오년 조선 관비유학생

1895년 김홍집 정부에서 일본으로 보낸 국비 유학생 모임 '대조선인 일본 유학생 친목회' 단체 사진. 촬영 날짜는 1896년 1월 6일이고 장소는 주일 조선 공사관이다. 맨 앞 줄 가운데 실크해트를 쓴 사람은 당시 일본 유학 중이던 의화군(훗날 의친왕) 이강으로 추정된다.

교복을 입은 청년들이 단체사진을 찍었다. 맨 앞줄 가운데에 실크해트silk hat를 쓴 사람이 보인다. 의화군(훗날 의친왕) 이강으로 추정된다. 둘째 줄 왼쪽에는 흰 한복을 입은 여자가 한 사람 보인다. 이름은 김란사金蘭史다. 이 사진은 사학자 고혜령이 서울대 도서관에서 찾아낸 사진이다. 고혜령은 김란사의 평전 '꺼진 등에 불을 켜라' 저자다. 김란사에 대한 이야기는 뒤에 하기로 한다.

사진 위쪽에는 '대조선인 일본 유학생 친목회'라고 적혀 있다. 아래에는 '건양 원년 1월 6일 공사관 내 촬영'이라고 적혀 있다. 건양 원년은 1896년이다. 그해부터 조선은 양력陽曆을 썼다. 이 학생들은 1894년 시작된 갑오경장의 일환으로 일본으로 파견된 관비官費(국비) 유학생이다.

사진을 찍고 한 달 닷새 뒤 고종이 러시아 공사관으로 도망갔다. 아관파천俄館播遷이라고 한다. 그날 개혁 정부 총리대신 김홍집이 청계천에서 맞아 죽었다. 아관파천 이후 이 조선 학생들 유학생활은 만신창이가 됐다. 귀국 후 인생도 뒤죽박죽이 됐다. 정쟁政爭과 무책임 한가운데에 내버려진 조선의 마지막 기회 이야기.

갑오정부의 유학 구상

1894년 청일전쟁이 터지고 조선에 김홍집 내각이 들어섰다. 일본 힘으로 개혁을 하려던 김홍집 정부는 그해 11월 부임한 주한 일본공사 이노우에 가오루 주선으로 관비 유학생 프로젝트를 시작했다.

이에 앞서 일본에 망명 중이던 박영효 또한 의학·상업·군사 유학생을 계획 중이었다.(1893년 10월 31일 『윤치호일기』) 게이오대 설립자인 일본 석학 후

쿠자와 유키치福澤諭吉가 이들의 교육 실무를 준비했다. 1895년 2월 학부대신 박정양이 유학생 모집 공고를 걸었다. 양반가 자제 114명이 선발됐다.

박정양이 이들에게 말했다. "일신의 사사로움을 잊고 나라를 사랑하여…"(「학부대신 훈시」, 『친목회 회보』1호, 1895) 이들은 1895년 4월 2일 내부대신 박영효 배웅을 받으며 한복 차림으로 일본으로 출발했다. 한 달 뒤 2차로 선발된 유학생 26명이 일본에 도착했다.(박찬승, 「1890년대 후반 관비유학생의 도일유학」, 『근대교류사와 상호인식 1』, 고려대아세아문제연구소, 2001, p80) 두 달 후 후쿠자와 유키치는 "군주에게 보답하고 국민에게 베풀어 동아시아의 존안尊安을 도모하라"고 이들을 격려했다.(「친목회일기」, 『친목회 회보』1호, 1895)

가난한 한 나라가 교육 예산(12만 6752원)의 31%(4만 426원)를 들여 총명한 청년들을 부강한 옆 나라로 보냈다.(1895년 11월 15일 『일성록』)

완결되면 나라를 송두리째 바꿀 수 있는 혁명적인 기획이었다. 이에 맞게, 유학생들은 이듬해 전원 신식 복식으로 갈아입고 기념사진을 찍었다. 그게 끝이었다.

아관파천과 유학생

1895년 10월 왕비 민씨가 일본인 무리에게 살해되는 을미사변이 터졌다. 4개월 뒤인 1896년 2월 11일 고종이 경복궁을 떠나 러시아 공사관으로 도주했다. 갑오정권 실권자들은 민씨 살해 배후자로 낙인이 찍혔다. 총리대신 김홍집과 탁지부대신 어윤중은 길거리에서 맞아죽었다. 모든 것이 변했다.

이후 조선 정부는 학비 지원과 중단을 반복하며 주일 공사관과 유학생들을 힘들게 만들었다. 공식적으로는 '종전과 동일하게 학업에 열중하라'는 훈령 그대로였다. 변함없었다.(1896년 2월 21일 『마이니치신문』: 마스타니 유이치, 「갑오개혁기 도일 유학생 파견 정책의 전개와 중단과정」, 한국사학보 56호, 고려사학회, 2014, 재인용) 하지만 이들은 어느새 '역적의 손에 의해 파견된 유학생'(유학생 어담 회고록)이며 '망명 한인들과 접촉한 불온한 사람들'('일본외무성 기록', 메이지 33년 12월 8일 '재마산 영사가 아오키 외무대신에게': 이상 박찬승, 앞 책, 재인용)로 낙인이 찍혀 있었다.

대실패로 끝난 유학 프로젝트

1896년 4월 7일 갑신정변 주역 서재필이 미국 망명 생활을 접고 귀국해 『독립신문』을 창간했다. 1898년 '독립협회'가 왕성하게 활동하면서 『독립신문』은 유학생 지원을 지속적으로 요구했다.(김기주, 「아관파천 후 한국정부의 유학정책」, 『역사학연구』 34권34호, 호남사학회, 2008) 이에 대한제국 정부는 일본뿐 아니라 서양 문명 각국에 신분 고하를 막론한 유학생 100명 파견 계획을 세웠다.(1898년 12월 7일 『독립신문』) 이 사실이 보도되고 18일 뒤 독립협회가 '민권民權'과 '입헌군주제'를 주장하고 나왔다. 대한제국 정부는 전제 군주 광무제 고종의 권한을 법적으로 제한하겠다는 집단을 가만두지 않았다. 독립협회를 전격 해산됐고, 유학생 계획은 전면 중단됐다.

지원이 끊긴 일본 유학생들은 '학비를 지원받지 못해 사방이 빚이었고, 끼니를 때우느라 진 빚에 공관이 창피함은 물론 외국에 수치스러울 정도였다.'(『각사등록』 근대편, 「학부거래문」, '외무대신 박제순이 학부대신 민병석에게 보내는 조회', 1899) 일본 유학생에 대한 지원은 빚 상환 차원에서 간헐적으로 이뤄지다 1903년 2월 전면 송환령이 내려지며 중단됐다. 밀린 유학 비용은 귀국 명령 14개월 뒤에야 청산됐다.

유학생들의 파란만장한 인생

'정부 지원이 끊긴 가난한 나라 국비유학생'의 인생은 파란만장했다. 일본 육군사관학교로 진학한 유학생 18명은 1900년 현지에서 대한제국 육군 참위 사령장을 받았다. 봉급은 지급받지 못했다. 그리고 유학을 계속하라는 명령이 내려왔다. 학비 지급 또한 없었다. 불만을 품은 이들은 일본에 망명 중이던 유길준과 쿠데타 계획을 세우다 적발됐다. 1904년 체포된 쿠데타 미수자 7명이 참수斬首형을 받았다. 1명은 곤장 100대형을 받았다. 유학생 가운데 6명은 귀국을 거부하고 '친목회' 자금을 들고 미국으로 도주했다. 12명은 사립학교 교사로 취직했다.

독립협회에 참여했던 변하진, 신해영, 어용선은 1898년 박영효를 장관으로 추천했다가 역적으로 몰렸다. 같은 유학생 오성모도 함께 체포돼 참수됐다. 변하진은 옥사했다. 처형을 면한 신해영은 훗날 기미독립선언서를 찍은 보성사를 설립하고 일본에서 병으로 죽었다. 함께 체포된 안국선은 진도로 종신유배형을 받고 1907년 풀려났다. 이후 그는 고종 정권을 비판한『금수회의록』을 저술했다.

그녀, 김란사

김란사는 여자였다. 이미 관비유학생이 파견되기 전 남편 하상기와 함께 일본 유학 중이었다. 유학생이 온다는 소식에 김란사는 당시 학부대신 이완용에게 자신도 포함시켜달라고 청원했다.(『각사등록』근대편,「학부래거문」1·4, 1895년 윤5월 2일 '여학생 김란사 관비유학생 대우 조회') 이틀 뒤 청원이 통과됐다. 김란사는 게이오에서 관비로 학업을 마치고 미국으로 건너가 1906년 오하이오주 웨슬리언대학에서 문학사를 취득했다. 미국에서는 의친왕 이강과 교류했다. 그리고 돌아와 이화학당 교사가 되었다. 기숙사 사감, 교감 격인 총학사도 맡았다.

1916년 순회강연을 떠나 정동제일교회에 파이프오르간 설치 기금을 모았다. 1918년 설치된 그 파이프오르간 송풍실에서 유관순과 학생들이 독립선언문을 찍었다. 3·1운동 열흘 뒤인 1919년 3월 10일 김란사는 중국 북경에서 동포들과 식사를 한 후 급사했다. 사람들은 그녀 행적으로 보아 독립운동과 관련이 있다고 믿고 있다.(심옥주,「이화학당 총교사 김란사와 유관순」, 유관순연구소 학술대회, 2018) 김란사는 1995년 건국훈장 애족장을 받았다. 김란사는 그래도 행복한 편이었다.

제자리로 돌아오지 않은 그들

이미 나라가 망가질 대로 망가진 상태였다. 많은 유학생이 귀국하고도 일자리를 구하지 못했다. 1904년 러일전쟁이 터지고 이듬해 을사조약이 체결됐다. 냉대받던 유학생들은 대거 통감부 체제 관료로 변신했다. 요컨대, '조선 측 유학생 정책은 실패했고, 일본의 조선 유학생 정책은 성공한 것이라고 할 수 있다.'(박찬승, 앞 책, 2001, p128)

1868년 메이지유신 이후 일본 정부 유학생 숫자는 5년 만에 1000명을 넘었다. 1872년 청에서 미국으로 보낸 국비 유학생은 120명이었다. 일본 유학

김란사가 미국 강연 때 한인 모금을 통해 기부한 서울 정동제일교회 파이프오르간. 원래 악기가 6·25 때 파괴되고 이후 복원한 악기다.

최초의 관비 여자 유학생 김란사(金蘭史·1872~1919). 3·1운동 직후 북경에서 의문사했다.

생들은 정부 지원 속에 학업을 마치고 귀국해 정부·민간 요직에 취직했다. 청나라 유학생들은 10년 뒤인 1881년 '서양에 물들었다'며 전원 소환됐다.

그 청나라 소년들이 귀국하고 14년 뒤인 1895년 조선 정부는 일본으로 관비 유학생 140명을 보낸 것이다. 일본은 실리實利를 얻기 위해 청년들을 보냈고, 청은 이념理念에 매몰돼 그들을 소환했다. 조선은 희한할 정도로 맑고 순수한 정치 논리로 유학생을 파견했다. 청·일·한 3국 무대인 동아시아 질서 재편 과정은 정확하게 그 순서대로 진행됐다. 유학생은 돌아오지 않았고 나라는 사라진 것이다. 땅의 역사

05 | 왕이
궁(宮)을 버렸다

아관파천(俄館播遷)과 국가 최고지도자 고종

선조, 인조 그리고 고종

500년 조선왕조 역사에서 궁궐을 탈출한 왕이 셋이다. 횟수는 다섯 번이다. 1592년 양력 6월 9일 임진왜란 개전 17일 만에 선조가 폭우 속에 의주로 갔다. 경복궁은 불바다가 됐다. 이듬해 양력 10월 24일, 1년 넉 달 만에 서울로 돌아온 선조는 폐허가 된 경복궁 대신 성종 큰형인 월산대군 종택에 살다 죽었다. 아들 광해군이 이곳에서 즉위한 후 경운궁慶運宮이라 이름했다. 지금 공식 명칭은 덕수궁이다.

1623년 4월 12일 인조가 광해군을 몰아내고 경운궁에서 즉위했다. 열한 달 뒤인 1624년 3월 26일 인조는 반란을 일으킨 이괄 무리가 임진강을 건너자 공주로 달아났다. 인조는 공주에 열흘 동안 있었다. 4년 뒤 1627년 2월 28일 정묘호란이 터졌다. 3월 13일 인조는 노량진을 거쳐 강화도로 도망갔다. 5월 26일 인조는 경운궁 대신 북서쪽 경덕궁(경희궁)으로 돌아왔다. 74일 만이다. 끝이 아니다.

1637년 1월 4일 후금 기병대가 얼어붙은 압록강을 건넜다. 1월 9일 인조가 달아났다. 강화도로 가려다가 후금 부대가 남대문 앞까지 왔다고 하자 남한산성으로 방향을 틀었다. 후금 왕 홍타이지는 인조의 도주벽逃走癖을 익히 알고 있었다. 전쟁 전 홍타이지는 조선 사신에게 이리 말했다. "일개 작은 섬에 숨으면 나라가 되겠는가?"(나만갑,『병자록(남한산성 항전일기)』, 서동인 역, 주류성, 2017, p28) 2월 24일 남한산성에서 나온 인조는 그날 한양 문이 닫히는 인정人定(밤 9~11시)이 돼서야 서울로 돌아와 창경궁으로 들어갔다. 잠실 삼전도에서 머리를 땅바닥에 아홉 번 찧은 항복식이 길었던 탓이다.

이들을 이어 세 번째 궁을 탈출한 왕이 고종이다. 1896년 2월 11일 경복궁에서 러시아 공사관으로 피란해 만 1년 9일을 살았던 조선 26대 국왕이다. 선조가 도주하고 나라가 어찌 되었는가. 인조가 세 번 도망가서 나라가 무사했는가. 고종이 남의 나라 땅에 숨고서 세상은 어찌 되었나.

민간 공사를 금하고 강행한 경복궁 공사

1863년 음력 12월 13일 왕실 사내 흥선군興宣君 이하응의 둘째 아들 이명복이 왕위에 올랐다. 고종이다. 열한 살짜리 어린 왕이었다. 권력은 수렴청정하는 조대비와 아버지 이하응에게 있었다. 즉위 2년째인 1865년 4월 2일 대왕대비가 경복궁 중건을 명했다. 조대비는 "주상이 (경복궁)궁전을 사용하던 태평한 모습을 그리면서 때 없이 한탄한다"며 왕명임을 내세웠다.(1865년 4월 2일『고종실록』) 그달 13일 임진왜란 이래 273년 동안 폐허였던 조선왕조 법궁法宮 재건이 시작됐다. 공사는 1872년 9월 16일 공식 완료됐다.

『고종실록』에 따르면 쌀, 목재 같은 현물을 제외하고 7년 공사에 들어간 경비는 현금 783만 8694냥 3푼이었다. 왕실자금 11만 냥, 왕족 원납금 34만 913냥 6전에 백성이 원납한 돈 727만 7780냥 4전 3푼이 포함돼 있었다. '원납願納'은 '자발적으로 낸 재물'이라는 뜻이다.

하지만 자발적이지 않았고, 막대한 검은 대가가 있었다는 기록이 쌓여 있다. 참고로 24년 뒤인 1896년도 조선 정부 예산은 480만 9410원(세입 기준)이었다.(김대준, 『고종시대의 국가재정 연구』, 현학사, 2004, p102) 대한제국 때 화폐 단위가 '원'으로 바뀌고 공식 화폐가치는 5냥이 1원이었으나 냥兩과 원圓이 혼용되고 있었다. 공식가치대로 하더라도 경복궁 중건에 든 비용은 한 해 국가예산의 36%가 넘는 145만 원이었다.

경복궁 근정전 정문인 근정문. 임진왜란 이후 폐허가 됐던 경복궁은 1865년 흥선대원군이 실질적으로 주도해 1872년 중건됐다.

완공 이듬해인 1873년 음력 12월 10일 자경전에 불이 났다. 한달 전 친정 선언으로 권력을 장악한 고종은 즉각 경복궁 재중건을 명했다. 공사 3년째 인 1875년 5월 10일 큰아버지 이최응이 상소했다. "땅이 줄지 않았고 백성이 없어진 것도 아닌데 재물은 고갈됐다. 오직 날로 용도를 절제하지 않았기 때 문이다. 왕께서는 소박함을 급선무로 삼으시라." 고종은 "삼가 명심하겠다" 고 답했다.(1875년 5월 10일『고종실록』) 9일 뒤 고종은 하급시종 사알司謁을 시켜 명했다. "중건이 한창인데 민가에서 토목공사를 벌이는 일이 있다. 중건 을 마칠 때까지 금지하도록 하라."(1875년 5월 19일『승정원일기』) 1876년 11월 4일 또 불이 났다. 전각 830여 칸이 재로 변했다. 역대 왕들의 어필과 물건은 하나도 건지지 못했다. 고종은 사흘 동안 소식을 하고 재재중건을 명했다.(1876년 11월 4일『고종실록』)

공사는 지루하게 이어졌다. 1888년 7월 15일 고종이 어전회의에서 또 한 번 민간 토목공사 금지령을 내렸다. 5년 뒤인 1893년 8월 25일 또다시 민간 토목공사 금지령을 내렸다. 예전 명령처럼, 위반 시 처벌 명령도 함께였다.(1893년 8월 25일(양력 10월 4일)『승정원일기』) 2년 4개월 뒤인 1896년 양력 2월 11일 고종이 그 경복궁을 떠나 러시아 공사관으로 피신했다. 고종이 그 경복궁에 산 날은 며칠이 되지 않았다.

아관(俄館)에서의 1년

1895년 10월 8일 경복궁 건청궁에서 왕비 민씨가 일본인 패거리에게 살해당했다. 고종은 경복궁에 치를 떨었다. 생명의 위협도 느꼈다. 그리하여 이듬해 1896년 2월 11일 아침 단행한 조치가 아관파천이었다. 잘한 행동이며, 이로 하여 자주적 근대화를 지향하는 대한제국이 태동했다고 평가하는 사람들이 있다. 1897년 2월 20일까지 아관에서 보낸 1년을 오로지 기록으로만 본다.

러시아 공사관 도착 첫날 고종은 유길준과 조희연과 장박, 권영진, 이두황, 우범선, 이범래와 이진호 체포령을 내렸다. 을미사변 주동자로 낙인찍힌 자들이다. 을미사변 이후 내각 총리였던 김홍집 또한 체포하려 했으나, "하늘의 이치가 매우 밝아서 역적의 우두머리는 처단되었다."(1896년 2월 11일『고종실록』) 김홍집은 거리에서 시민들에게 맞고 찢겨 죽었다. 13일 '안심하고 생업에 종사하라'고 포고령을 내린 고종은 닷새째인 16일 "경운궁과 경복궁 수리가 끝나는 대로 환궁 여부를 확정하겠다"고 했다.

그해 8월 10일 고종은 "궁내부와 탁지부가 경운궁을 수리하되 간단하게 하도록 하라"고 명했다.

　간단하지 않았다. 23일 경복궁에 있던 왕비 민씨의 빈전(위패)과 진전(왕들 초상화)을 경운궁으로 옮기라고 명했다. 이미 석 달 전인 5월 고종은 경운궁으로 가서 일본 공사公使 고무라 주타로小村壽太郎를 접견한 적이 있다. 일본 기밀문서에 따르면 '조선 왕실은 이미 파천 전부터 명례궁明禮宮(경운궁) 수선공사에 착수했다.'(『주한일본공사관기록』9권 3. 기밀본성왕래 1·2 (8)조선국 대군주 및 세자궁 러시아 공사관에 입어한 전말보고, 1896년 2월 13일) 민간 공사를 금지하며 완성한 800만 냥짜리 경복궁에는 애당초 뜻이 없었다는 뜻이다.

　3월 11일 고종은 러시아 황제 대관식에 민영환을 파견했다. 3월 29일 고종은 미국인 모스에게 경인철도 부설권을 양여했다. 4월 17일 역시 미국인 모스에게 평안도 운산금광 채굴권을 양여했다. 4월 22일 러시아인 니시켄스키에게 함경도 경원과 종성 사금광 채굴권을 양여하고 7월 3일 프랑스 기업 그리러 사社에 경의선 철도 부설권을 양여했다. 9월 9일 러시아인 '뿌리너'가 설립한 합성조선목상회사合成朝鮮木商會에 압록강 유역과 울릉도 벌목伐木과 양목養木 권한을 허락했다. 이듬해 1월 18일 일본 황태후가 죽자 19일부터 27일까지 경운궁에 가서 상복喪服을 입었다.(이상 1896~1897년『고종실록』) 그리고 23일 뒤 경운궁으로 고종이 돌아갔다. 이게 아관 1년 동안 고종이 한 일이다.

　한 정권이, 국가가 당연히 해야 할 바를 한다고 해서 이를 칭찬한다면 잘못이다. 근대화의 시기에 법제를 정비하고 정부 조직을 개편하는 조치는 칭찬의 대상이 아니라, 당연한 일이다. 이를 하지 않으면 비판을 받아야 한다. 고종이

한 일은 장차 황제로 등극해 머물 황궁皇宮 설계와 이권 양여와 미래의 황제로서 평상시에나 해야 할 의전儀典이었다.

경운궁 중건과 상소

1897년 10월 12일 고종이 황제에 등극했다. 21세기 현재 덕수궁에 남아 있는 전각들도 착착 완공되고 있었다. 그런데 1904년 2월 29일 또 궁궐에 불이 났다. 함녕전 온돌 공사 때 붙은 불이 궁궐 전역을 휩쓸었다. 이에 특진관 이근명이 "처소를 다른 궁으로 옮기시라"고 하자 고종이 답했다. "비록 곤궁하지만 이 궁궐을 반드시 중건해야 한다."(1904년 2월 29일『승정원일기』)

그 비상식적인 지도자에게 중추원 의관 안종덕이 상소를 했다. "왕께서 하신 말씀만 모으면 훌륭한 황제가 다섯에서 여섯으로 늘겠다." 말은 정말 그럴싸한 명군처럼 한다는 말이다. "경복궁과 창덕궁이 있는데 왜 경운궁을 중건하나"는 내용이다.(1904년 7월 15일『고종실록』) 열흘 뒤 봉상사 부제조 송규헌이 작심을 하고 일격을 날렸다. "군신상하가 바삐 뛰어도 두려운데 대궐을 수리나 하고 있는가. 저 간신들을 다 처벌하고 공사를 중단하라."

귀는 열리지 않았다. 비상식적인 판단에 의해 중건이 결정되고 2년 뒤 공사가 완료됐다. 중건 공사 비용은 모두 795만 2764냥 4전이었다.(『경운궁중건도감의궤』)

파탄

1907년 결국 헤이그밀사 사건을 빌미로 그 황궁에서 고종은 황제 자리에서 내려왔다. 일본이 가만히 두고 보지 않을 정도로 황실은 쇠약해 있었다. 이

덕수궁 준명당에서 찍은 고종 탄생일 기념사진. 왼쪽부터 원로 각료인 이정로(남작), 심상한, 김윤식(자작), 김성근(자작), 이용원(남작), 고종, 김병익(남작), 민종묵(남작), 서정순, 이주영(남작), 김영전. 괄호 속 작위는 한일병합 후 이들이 일본으로부터 받은 조선귀족 작위다.

듬해 9월 8일 고종 생일날, 고종이 재중건한 덕수궁 준명당에서 일본 사진가 무라카미 덴신村上天眞이 기념사진을 찍었다. 경운궁의 이름은 덕수궁으로 개칭됐다.

1909년 7월 5일 초대 통감 이토 히로부미가 일본으로 돌아가며 태황제 고종을 알현했다. 비가 내렸다. 고종이 시제詩題를 내리니 이토와 후임 통감 소네 아라스케, 이완용 따위가 시를 썼다. 이완용이 쓴 마지막 연은 '兩地一家天下春·양지일가천하춘', '두 땅이 한 집 되니 천하가 봄이로구나'였다. 1935년 덕수궁 정관헌 옆에 시를 새긴 비석이 건립됐다. 비석 뒷면에는 '태황제께서

1910년 3월 27일 『황성신문』에 실린 궁내부 광고. '경복궁과 창덕궁의 쓸데없는 건물(不用建物) 4000여 칸을 판다'고 적혀 있다.

크게 기뻐하였다(大加嘉賞·대가가상)'고 적혀 있었다.(오다 쇼고,『덕수궁사德壽宮史』, 1938) 해방과 함께 비석은 땅에 묻혔다.

1908년 2월 왕비 민씨의 시신이 불태워졌던 경복궁 녹산에서 사슴이 굶어 죽었다.(1908년 2월 12일『대한매일신보』) 3월 8일 고종이 공사를 독려하고 완공 후에는 초개처럼 팽개쳤던 경복궁이 민간에 유료 개방됐다.(1908년 3월 10일『대한매일신보』) 2년 뒤 경복궁 전각 일체가 민간에 매각됐다.(1910년 3월 27일『황성신문』) 5개월 뒤 나라가 사라졌다. 고종은 '도쿠주노미야德壽宮 이태왕李太王'이었다. 그래, 하필이면 그때 그 왕이 살았다. 땅의역사

06 | 왕비,
'노다지'를 팔아치웠다

운산금광 노다지가 미국에 넘어간 전말기

왕비가 나선 금광 양도

1895년 7월 10일 조선 왕실 일등 상궁이 미국 공사관 참찬 부인에게 초청장을 보냈다. 엿새 뒤 열릴 개국기원경절開國紀元慶節 초대장이다. 조선왕조 건국을 기념하는 날이다. 참찬 부인 이름은 릴리어스다. 참찬인 남편은 호러스 알렌Allen이다. 기원경절 파티는 7월 16일 예정대로 열렸다. 한 달 뒤 당시 미국공사 존 실Sill이 미 국무부에 전문을 보냈다. '7월 15일 조선 국왕이 조선에서 매장량이 가장 많은 운산금광 채굴권을 미국 시민에게 양여했다.'(「실이 국무부에 보낸 편지」, 『한미관계 자료집(1896~1905)』, 1895년 8월 15일)

그 무렵 미 공사관 참찬 알렌이 일본 요코하마에 있던 본국 기업인 모스에게 편지를 썼다. '내 친구들을 고위직에 앉히는 데 성공했다.(succeeded in getting all my friends appointed to high office) 아무도 생각하지 못했던 박정양을 내가 추천해 총리대신에 앉혔다. 운산금광 관할을 농상공부에서

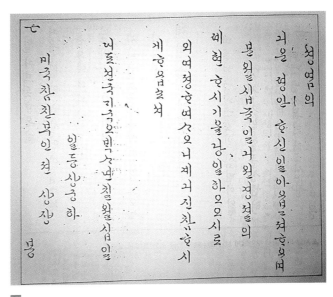

동양 최대 금광을 미국에 넘긴 민비의 1895년 '기원경절' 초청장 [알렌일기, p171]

(왕이 좌지우지할 수 있는) 궁내부로 옮기는 데도 성공했다. 다른 문제가 많았는데 뜻밖에도 왕비가 구원을 했다(the Queen came to the rescue). 지금 서명을 끝내고 봉인된 계약서가 공사관 금고에 있다.'(「모스에게 보낸 편지」,『알렌문서』MF361, 1895년 6월 24일) 계약서의 서명날짜는 7월 15일, 기원경절 하루 전날이었다.

자, 일개 외국 서기관이 한 나라의 내각을 갈아치우고, 그 나라 왕비가 나서서 벌인 작업이 매장량이 아시아 최대였던 운산 금광 팔아치우기였다. 어이없지 않은가. 미국 서기관 알렌이 각본과 연출을 맡고 고종 부부가 주연을 맡은 금광 매각 전말기를 본다.

선교사, 의사, 미국 외교관 호러스 알렌

가난한 조선

1895년은 참으로 가난한 해였다. 1894년 동학 농민들이 탐관오리 학정虐
政에 저항해 군사를 일으키자 조선 정부는 청나라 군사를 불러들였다. 이에
일본군도 개입해 조선에서 청일전쟁이 벌어졌다.

민란과 전쟁 뒷수습에 많은 돈이 들어갔다. 1895년 11월 15일 확정된
1896년도 조선 정부 세출예산에 이런 항목이 보인다. '을미차관이자乙未借款利
子 18만 원'. 청일전쟁 와중인 1895년 3월 조선 정부가 일본으로부터 빌린 차
관 300만 원에 대한 이자다. 같은 해 세입 총예산은 480만 9410원이었다.(「건
양원년도 세입세출예산표」, 『고종시대사』 3집, 1895년 11월 15일)

농민전쟁도 정부가 원인이었고 외국 군대를 불러들인 주체도 조선 정부였다. 그 뒷수습을 위해 그 조선 정부가 비싼 외국돈을 갖다 쓰고 있었다. 1897년도 이자 18만 원은 그해 마지막 날인 12월 31일에야 갚을 수 있었다.(『주한일본공사관기록』12권 8. 외부왕래 (45) 을미차관 리자 및 동서한 전달의뢰, 1897년 12월 31일) 돈, 돈이 필요했다. 그때 구세주로 등장한 나라가 미국이었고, 손을 잡아준 사람이 바로 호러스 알렌이었다.

선교사, 의사, 미국 외교관 알렌

1884년 선교사로 조선에 입국한 알렌은 바로 그해 갑신정변을 계기로 왕실과 연을 맺었다. 1884년 12월 4일 서울 종로 우정국에서 왕비 민씨 조카 민영익이 개화파 자객에게 칼을 맞았다. 이 실세實勢를 죽음에서 구해준 의사가 알렌이었다. 알렌은 이듬해 1월 27일 살아난 민영익으로부터 사례금 10만 냥을 받고(H. H. 알렌,『알렌의 일기』, 단국대학교출판부, 1991, p51), 이어 병원 설립까지 허가를 받았다. 이 병원이 조선 최초 근대병원인 광혜원이다. 위치는 갑신정변 때 살해당한 가회동 홍윤식 집이었다. 개원은 4월 10일이었다.

개원을 목전에 둔 3월 27일 알렌은 궁궐로 들어가 고종 부부를 치료했다. 한 달 뒤 왕비로부터 하사품이 왔다. 100야드짜리 비단 한 필과 황금빛 비단 두루마기 하나였다. 알렌은 곧 왕실 주치의 겸 고종 정치고문이 됐다. 1887년에 알렌은 정2품 참찬 벼슬을 받고 조선 사신들과 함께 미국을 다녀왔다. 청나라 속국이 아니라 독립국으로서 미국과 수교하는 데 공을 세웠다. 그리고 3년 뒤 알렌은 주한 미합중국 공사관 서기관에 임명됐다. 조선 권력 구조와 재정을 손바닥처럼 알고, 고위층과 깊은 연대를 가진 미-국-외-교-관이 되었다.

"욕심 없는 나라 미국"

알렌과 함께 미국을 다녀온 전권대사 박정양이 고종에게 이리 보고하였다. "미국은 본래 남의 땅에 욕심이 없나이다(美國素無慾於人之土地·미국소무욕어인지토지)."(1889년 7월 24일 『고종실록』)

1882년 미국과 맺은 수교조약 1조는 '타국이 유사시 중간에서 잘 조처하여 두터운 우의를 보여준다'고 규정했다. 이른바 '거중조정' 조항이다. 조선 정부는 이를 철석같이 믿었다. 1897년 알렌이 주한 공사에 취임했을 때 고종은 알렌에게 '미국은 조선에게 큰형Elder Brother'이라고 편지를 써줬다.(「알렌이 국무부에 보낸 편지」, 『한미관계 자료집』Vol 3, 1987, p245) 원문은 이러했다.

"The United States was the first of the Western Nations to make a treaty with Chosen. We feel that America is to us an Elder Brother(Korean Phrase)."(미국은 조선과 조약을 맺은 첫 서구 국가다. 우리는 미국이 우리에게 큰형이라고 느끼고 있다.)

하지만 고종과 조선 관료들은 순진했다. 엿새 뒤 국무부장관 셔먼이 알렌에게 비밀편지를 보냈다. '미국은 조선의 국내 문제는 물론 외부의 방위 연대도 맺고 있지 않다.'(「셔먼의 비밀편지」, 1897) 지도자부터 하위 관료까지, 조선은 순진했다. 그 미국과 그 미국 외교관에게 조선을 이권利權을 가져갈 대상에 불과했다. 조선은 '이권 양도의 행복한 사냥터Happy hunting ground of the concessionists'라 불렸다.(F. 해링턴, 『God, Mammon & The Japanese』, 위스콘신대 출판부, 1944, p127)

알렌과 금광

알렌이 살려준 민영익은 현금 10만 냥만 준 게 아니었다. 이미 1885년 민영익은 알렌에게 광산 이권에 대해 언질을 줬다.(『알렌문서』 MF365: 이배용, 『한국근대광업침탈사연구』, 재인용) 그리고 조선 정부는 알렌에게 병기창과 화약공장 특허권도 제안했다.(『God, Mammon & The Japanese』, p129) 이후 조선 금광을 찾는 미국인 조사단 발길이 이어졌다. 1888년 미국에 있던 알렌은 광산기사 피어스를 파견해 운산금광을 조사했다. 1889년에도 기사 5명이 내한했다. 조선 정부예산으로 조선 광산 정보를 모은 사람은 조선 외교관 알렌이었고 그 금광을 미국 소유로 만든 사람은 미국 외교관 알렌이었다.

알렌의 편지

'모스 씨에게. 오래도록 왕과 조선을 위해 일을 한 결과, 마침내 중요한 걸 얻었습니다. 왕께서 무보수로 일해줘서 고맙다며 선물을 하겠답니다. 그동안 저는 고위 관직을 다 제 친구들로 채웠죠. 아무도 예상하지 못한 박정양이 저 덕분에 총리대신이 됐고요. 이들이 저한테 미국 차관 200만 달러를 부탁했습니다. 저는 운산금광을 넘기면 가능하다고 답했습니다.'(모스에게 보낸 편지, 『알렌문서』 MF361)

친일 세력이 잡고 있던 권력을 모두 친미 세력으로 넘기는 작업이 성공하고, 마지막 남은 반미 세력을 전보시키려 하던 차에 뜻밖에도 왕비가 구원해서 운산금광 채굴권 계약을 맺었다는 것이다. 심지어 농광산부대신 김가진에게 '금광 관할권을 왕실 궁내부로 넘기면 왕이 좋아할 것'이라고 귀띔해 성공했다는 내용도 있었다. 그런 알렌은 모스에게 "계약 내용이 마음에 들면 '알렌,

서울, 예스'라고 전보를 쳐 달라"고 했다.

금광을 따내기 위해 정부내각을 조직했다는 말이다.

그때 알렌은 주한 미공사관 서기관이었다. 알렌문서Allen Papers 마이크로필름 데이터베이스화 작업을 진행한 건양대 알렌문서팀(연구책임자 김현숙) 연구원 김희연은 "알렌은 자기 과시욕이 강한 인물임을 감안해야 한다"고 했다.

그런데 1901년 7월 5일 미국무부는 알렌에게 이런 편지를 보냈다. '다른 국가와 친하다는 이유로 한국 정부 관리를 제거하려는 시도는 미국으로서는 정당화될 수 없다.'(「알렌에게 보내는 편지」, 『한미관계 자료집』 문서 174호) 무언가 알렌이 1901년에도 조선 정부 인사에 개입하려는 시도를 했다는 증거다.

어찌됐든, 알렌은 조선 정부를 자기 파벌로 가득 채워 넣고 운산금광 채굴권을 따냈다. 1895년 7월 15일이다. 을미사변으로 왕비가 시해된 뒤 잠시 중단됐던 계약은 이듬해 4월 17일 정식으로 맺어졌다. 실록에는 '을미년 윤5월에 허가했다가 조금 뒤 취소하였는데 다시 허가한 것이다'라고 기록돼 있다.(1896년 4월 17일 『고종실록』)

그런데, 엉터리였다.

헛물만 켠 조선 정부

계약서 '운산광약'은 초안에 '자본 가운데 25%를 궁내부를 통해 대군주에게 진상한다'고 돼 있다.(『통감부 문서』 2권 5. 운산광산 관계 (4)운산광산 채굴권계약서 한국측 서명자 보고 건 1906년 7월 22일) 고종이 원했던 현금 200만 달러가 빠진 것이다. 1899년 3월 27일 현금이 아쉬운 조선 정부는 '운산금광회사'와 '조선 정부 지분을 전부 매각하고 해마다 2만 5000원을 받는 다'고 조건을 수정했다. 1900년 1월 1일에는 일시불 1만 2500달러에 채굴기한을 25년에서 40년으로 연장했다. 또 '필요할 경우 채굴 허가기간을 1954년 3월 27일까지 연장할 수 있다'는 조항도 넣었다.(이배용, 『한국근대광업침탈사연구』 중판, 일조각, 1997, p79) '조선이 겪고 있는 재정 곤란을 영원히 없앨 것'이라 했던 미국공사 실 예측(1895년 8월 15일 편지)은 얼토당토않았다.

엉망진창이 된 조선

1900년 재래식으로 금을 캐고 있던 현지 주민들과 충돌이 벌어졌다. 그 주민들에게 미국 업자들이 "금광석 건드리지 말라"며 소리친 "No Touch!"가 금을 가리키는 '노다지'가 되었다. 그때 알렌이 광산회사에 편지를 보냈다. '조선인을 적법한 채찍형judicious whipping으로 처벌해도 좋다.'(「미서브에게 보낸 편지」, 1900년 11월 1일)

청일전쟁 이후 대일對日 부채는 1907년 현재 1300만 원이었다.(1907년 2월 21일 『대한매일신보』) 망국을 막기 위해 대한제국 황민들은 이 국채보상운동을 벌였다. 그런데 1897년부터 1915년까지 8년 동안 운산금광 생산액은 약 네 배인 4956만 8632원이었다.(『한국근대광업침탈사연구』 중판, p90)

1905년 7월 29일 미국 순회사절단장 육군장관 하워드 태프트와 일본 총리대신 가쓰라 다로가 도쿄에서 밀약을 맺었다. 필리핀과 조선을 나눠먹자는 내용이었다. 조인을 마치고 일본을 떠난 미국 사절단이 9월 19일 인천항에 도

강원도 정선에 있는 화암광산은 식민시대 이름이 천포금광이었다. 천포금광은 소유자가 친일파 박춘금이었다. 평북 운산금광은 광복 7년 전까지 미국인 소유였다. 매장량이 동양 최대였다. 1895년 이 노다지를 미국인에게 넘긴 사람은 민비였다.

착했다. 사절단 일원인 미 대통령 루즈벨트의 딸 앨리스는 황실로부터 국빈으로 성대한 환영을 받았다.(『주한일본공사관기록』25권 11. 본성왕 (30)한성 정계의 상황 보고(6), 1905년 9월 25일)

1896년부터 광산을 일본에 넘긴 1938년까지 미국 측이 가져간 순익은 1500만 달러였다. 외교관 알렌은 광산업자로부터 두 번에 걸쳐 사례를 받아 고향 톨레도에 투자했다.(「알렌이 모스에게 보낸 편지」 등: 해링턴, 앞 책, p158, 1905, 재인용) 역사에 만약은 없다. 있었으면 좋겠다. 〖꽃의 역사〗

07 | 소공동 언덕에
하늘문이 열리다

대한제국 선포와 천제(天祭)를 올린 원구단(圜丘壇)

1895년 양력(이하 양력) 10월 8일 새벽 경복궁 건청궁에서 자고 있던 왕비 민씨가 일본인 무리에 살해됐다. 남편 고종은 이듬해 2월 11일 아들과 함께 정동에 있는 러시아 공사관으로 피신했다. 아관파천俄館播遷이다. 고종은 경복궁을 떠난 지 만 1년 아흐레 만인 1897년 2월 20일 궁궐로 돌아왔다. 처음 떠났던 경복궁이 아니라 러시아 공사관 코앞인 경운궁(덕수궁)이었다. 폭풍우가 몰아치듯 조선왕국의 정치, 외교, 경제, 사회가 격동했다.

그해 10월 12일 조선국 26대 왕 고종은 국호를 대한제국으로 바꾸고 초대 황제로 전격 등극했다. 이날 황제는 경운궁 동쪽에 있던 포덕문을 나와 동쪽 언덕을 향했다. 포덕문은 지금 서울시청 바로 맞은편에 있었다. 그때 지금 덕수궁 대문인 대한문은 없었다. 동쪽 언덕은 지금 소공동이다. 언덕에 설치된 천제단天祭壇에서 황제는 하늘에 황제 등극을 알렸다. 중국에 사대事大하며 하늘에 직접 제사를 올리지 못했던 조선이었다. 그날, 500년 만에, 조선에 하늘

214

서울시청 동쪽 소공동에는 대한제국 황제가 하늘에 제사를 지내던 '원구단(圓丘壇)'이 있었다. 청(淸)으로부터 독립한 나라임을 하늘에 고하던 제단(祭壇)이다. 사진은 하늘신과 조선 태조 위패를 모셨던 황궁우(皇穹宇)다. 1897년 세워진 원구단은 13년 뒤인 1910년 총독부로 소유권이 이전됐고 3년 뒤 제단은 철거돼 조선철도호텔이 들어섰다.

이 열렸다. 121년 전 가을날 화요일이었다. 폭우가 쏟아졌다.

그날을 서재필은 이렇게 묘사했다. '조선 사기에 몇만 년을 지내더라도 제일 빛나고 영화로운 날이 될지라.'(1897년 10월 14일『독립신문』사설) 명나라에 이어 청나라에까지 머리 조아리며 살던 나라였으니 서재필처럼 기뻐해야 마땅한 날이었다. 그런데 개혁파 지식인 윤치호는 이렇게 일기를 썼다. '전 세계 역사상 이보다 더 수치스러운 황제 칭호가 있을까(Has the title of Emperor been so disgraced as this ever before in the history of this world)?'(1897년 10월 12일 국역『윤치호일기』) '조선 사상 제일 빛나는 날'과 '세계 사상 가장 수치스러운 황제'. 뭐 이런 법이 다 있는가.

서울 용산 미군기지 부지 안에 있는 일본군 군마 위령탑 석물들. 문화재청은 이 석물을 조선왕조에서 수시로 제사를 지내던 남단(南壇)이라고 주장해왔다.

소공동 언덕에 세워진 제단에 비밀이 숨어 있다. 하늘에 제사를 올리는 제단 이름은 '원구단圜丘壇'이다.

위풍당당했던 조선

1416년 조선 태종 16년 6월 1일 변계량이 왕에게 상소를 했다. 변계량은 세자 교육부서인 경승부敬承府 부윤府尹이었다. 그가 태종에게 글을 올리니, 주제는 '조선 왕은 중국 황제처럼 하늘에 제사를 지내야 한다'였다.

'우리 동방은 단군檀君이 시조인데 하늘에서 내려왔고 천자가 나눠준 나라가 아니다. 단군이 내려온 지 3천여 년이다. 하늘에 제사하는 예가 어느 시대에 시작됐는지 알지 못하지만 그 예가 고쳐진 적이 아직 없다. 하늘에 제사하는 예를 폐지할 수 없다고 생각한다.' 태종은 이치에 맞는 말이라며 변계량에게 궁중 말 한 필을 하사했다. 그러나 사대주의에 물들어 있던 사관史官은 '분수를 범하고 억지 글로써 올바른 이치를 빼앗으려 할 뿐'이라고 평했다.(1416년 6월 1일 『태종실록』 요약)

26년 뒤인 1455년 갓 왕이 된 세조世祖에게 집현전 직제학 양성지가 상소를 올렸다. 요지는 '조선은 중국과 다르니 정치도 조선다워야 한다'였다.

'우리 동방 사람들은 중국이 부성富盛함만을 알고 우리 옛일을 떠올릴 줄 모른다. 있을 수 없는 일이다. 조선은 (천자天子의 힘이 미치지 못하는) 황복荒服의 땅(중국에서 2500리 떨어진 먼 나라)이다. 단군 이래 조선은 독자적인 위엄과 교화를 펴왔다. 수와 당도 신하로 삼지 못했고 요나라는 친선국 예로 대했고 금나라는 부모 나라로 일컬었다. 따라서 나라 풍속을 바꾸지 않고, (지나치지 않은) 예로써 중국을 섬기며, 문文과 무武를 차별하지 않으면 하늘을 대신해 백성을 다스리는 데 유실함이 없을 것이다.'(1455년 7월 5일『세조실록』) 세조는 "모두가 매우 긴절한 것이었다"고 답했다.

2년 뒤 1457년 세조는 원구단에 올라 하늘에 제사를 올렸다.(1457년 1월 15일『세조실록』) 양성지가 상소를 올린 뒤 2년 동안 천제를 올릴 관청을 설치하고 연주할 음악과 제사 규정을 만들며 준비를 끝낸 뒤였다. 천제는 이후 세조가 병중이던 1463년을 제외하고는 세조가 죽은 1464년까지 매년 치러졌다. 천제 날짜는 역대 중국 예법에 맞춰 정월 대보름날로 정했다.

1488년 성종 19년 조선을 찾은 명나라 사신은 평양 단군묘에서 "(단군을) 잘 알고 있다"며 걸어서 사당에 이르러 절로써 예를 표했다.(1488년 3월 3일『성종실록』) 명나라 또한 조선을 막 대하지 않았다는 뜻이다.

이처럼 조선은 처음부터 문약하지 않았다. 중국을 그리워하지도 않았다. 하지만 이후 변계량과 양성지가 제시한 국정지표는 완벽하게 무시됐다. 역대 조선 정부는 명나라 신하국임을 자인하고 하늘에 제사할 권리를 포기했고, 명나라 멸망 후에도 명나라를 섬겼으며, 군인을 철저하게 무시하고(실록에는 '비록 무신이지만' '일개 무신으로서' 따위 문장이 숱하게 나온다) 문약文弱)으로 흐르다 변란을 만나 나라를 아수라장으로 몰아넣었다.

몰래 하늘을 꿈꾼 왕들

그럼에도 불구하고 역대 왕들은 하늘과 직접 만날 욕망을 버리지 못했다.

"세조께서는 정난靖難을 행한 뒤 몸소 남교南郊에 제사를 올린 뒤 존호를 받으셨다. 실록을 참고하여 잘 살펴 거행할 일을 예관禮官에게 말하라."(1616년 8월 2일『광해군일기』)

218

계유정난으로 정권을 잡은 수양대군은 남대문 밖에 있는 제단에서 하늘에 제사를 올렸다. 이 제단을 남교南郊 혹은 남단南壇이라 불렀다. 고려 이후 존재했던 하늘에 올리는 제단, '원단圜壇'은 폐지됐다. 변계량과 양성지 같은 자주파 주장이 힘을 잃은 탓이다. 원단이 공식적으로 폐지되자 역대 왕들은 이 남단을 하늘에 올릴 제단으로 활용했다. 남단은 '풍운뇌우신風雲雷雨神', 즉 하늘신을 모시는 사당이다. 땅의 신, 지신地神은 한성 북쪽에 있었던 북교北郊에서 모셨다.

1537년 4월 29일 이 남교, 남단에 왕이 직접 나가서 기우제를 지내는 사건이 벌어졌다. 연산군을 폐위하고 왕에 옹립된 권력 없는 중종이다. 집권 32년 만에 중종이 신하들에게 이렇게 말했다. "예전 (중국의)제왕들은 재난을 만나면 교외에서 기도를 했다. 우리나라에 전례가 없지만 이를 모방해 행하려 한다."(1537년 4월 27일『중족실록』) 중종은 이틀 뒤 남단 제사를 강행했다.

이후 광해군 때 이를 따르려는 시도를 신하들이 포기시킨 이래 200년 넘도록 조선 왕조에서 천제天祭는 사라졌다. 병자호란 이후 권력과 학문을 독점한 노론이 명나라를 천자의 나라로, 조선을 제후의 나라로 철저하게 규정해버린 탓이다. 하지만 하늘에 대한 꿈은 이후로도 왕들 뇌리에서 사라지지 않았다.

버려진 제단, 남단

"남단南壇은 바로 옛날 하늘에 제사를 지내던 원구단圜丘壇이다. 우리나라의 건국은 단군檀君에게서 시작되었는데, 역사책에 '하늘에서 내려왔으므로 돌을 쌓아 하늘에 제사 지내는 의식을 행하였다'고 하였다. 그 후로도 모두 그대로 따른 것은 중국의 모토茅土를 받지 않는 것이 크게 참람된 데에 이르지 않기 때문이었다. 우리 조정에 이르러서 원구단 이름을 남단으로 고쳤다. 지극히 경건하고 정결한 정성이 어찌 원구단과 남단 명칭이 다르다고 해서 차이가 있겠는가. 그러나 문헌이 없어져서 (원구단 천제가) 도리어 농잠農蠶(해마다 왕이 친히 농사와 누에치기 모범을 보이는 행사)이나 석채釋菜(공자에게 올리는 간단한 제사)만도 못하게 되고 말았다. 대신에게 의논해서 바로잡도록 하라."(정조, 『홍재전서』 28권, 「남단의 의식 절차를 대신에게 문의한 1792년 윤음綸音」)

이렇게 200년 뒤 정조가 사라진 남단 제사를 끄집어냈다. 목적은 왕권 강화였다. 원구단은 세조 때 폐지됐으니 남단은 원구단과 다른 제단이었다. 하지만 정조는 남단과 사라진 원구단을 묶어서 '하늘에 올리는 제단'으로 승격시킨 것이다. 세종실록 지리지에 따르면 남단의 풍운뇌우단風雲雷雨壇은 사방이 2장 3척(약 7m)이요 높이가 2척 7촌(약 80cm)에 작은 담이 둘이다.(1430년 12월 8일 『세종실록』) 정조는 이 남단을 재정비하고 주변을 정리한 뒤 제사 지내는 날 일반인 통행을 금지시켰다.

실록에 따르면 그 남단 제단은 숭례문 밖 둔지산屯地山에 있었다. 노인성단老人星壇·원단圓壇·영성단靈星壇·풍운뇌우단風雲雷雨壇이 모두 여기에 있었다.(『세종실록』, 「지리지」, '경도 한성부') 1934년 경성부가 펴낸 '경성부사'에 따르면 남단은 '1934년 당시 용산중학교 동측에서 야포대 병영 뜰 북부에 이르는 작은 언덕 남쪽에 있었다.' 그리고 '이 작은 언덕을 횡으로 가로지르는 도로에 남단판이라는 이름이 남아 있고 언덕은 깎아서 평탄한 도로가 되었다.'(『경성부사』 2권, 「이조시대의 경성」 1)

최근까지 문화재청은 이 남단의 위치를 옛 용산 미군기지 안에 있는 작은 언덕이라고 주장해왔다. 그런데 이 자리에는 일제 때 일본 군마軍馬 위령탑이 서 있었던 것으로 드러났다.(2021년 6월 2일『조선일보』, '용산공원 역사 왜곡 대행진') 하늘에 제사를 지낸 그곳, 어디일까.

폭풍 속 조선, 천제를 올리다

임오군란, 갑신정변, 을미사변, 갑신정변, 아관파천…. 19세기 중반 이후 조선에 벌어진 일들은 제목만 봐도 위급하다. 그 와중인 1894년 5월 10일 고종은 사대의 상징인 창덕궁 대보단에서 세자와 함께 제사를 지냈다.(1894년 5월 10일『승정원일기』) 대보단에 모신 세 황제 가운데 왕권이 막강했던 명 태조 홍무제에 올리는 제사였다. 고종은 격변하는 세상에는 무관심했다.

그리고 러시아 공사관으로 달아난 뒤 1897년 경운궁으로 돌아온 고종이 스스로 황제국임을 선포하고 원구단에서 하늘에 이를 고했다. 마지막 대보단 제사 3년 뒤, 1897년 10월 12일이다. 그날 풍경을 서재필은 크게 칭찬했고 윤치호는 크게 평가절하했다. 이보다 2년 전 당시 학부대신 이도재는 이렇게 상소했다. '허명虛名이나 챙기는 말단적인 일은 몇 년을 놔두고, 나라가 부유해지고 군사가 강해지기를 기다려야 한다. 서양에서 동양을 노리고 있는 때에 형식이나 차리는 일이 어찌 시급한 일이겠는가.'(1895년 11월 16일『고종실록』) 이도재는 이 상소와 함께 사표를 던졌다.

황현은 황제 즉위식과 원구단 제사를 두고 이렇게 평가했다. '어째서 군이 궁궐을 수리하여 새롭게 조성하는 역사役事를 했다는 말인가. 혹자는 "두 궁궐이 외국 공관에서 다소 멀리 떨어져 있어 의외의 변란이 발생할까 두렵다, 그러니 새로운 궁궐을 짓지 않을 수 없다"라고 하기도 한다. 그런데 정말로 변란

원구단에서 검무(劍舞)를 추는 기생들의 모습을 담은 사진엽서. 호텔이 들어선 이후 촬영한 사진이다. 제목은 '잔디밭에서 음악에 맞춰 춤추는 기생'. 이 잔디밭이 조선철도호텔의 정원이며 원구단의 터다. [국립고궁박물관]

이 일어난다면 새로운 궁궐만 어찌 (안전한) 천상天上에 있을 수 있겠는가.'(황현, 『매천집』권7, 「국사에 대해 남을 대신해 지은 상소」)

요컨대, 독립과 부강을 위한 방법이 글러먹었다는 말이다.

허무하게 닫혀버린 하늘

대한제국은 하늘에 황제국임을 고하고 11년이 지난 뒤에야 시대의 상징인 대보단을 폐쇄했다.(1908년 7월 23일『순종실록』) 그리고 2년 뒤 1910년 경술년 8월 29일 일본이 대한제국을 접수했다. 이듬해 총독부는 원구단 건물과 부지를 인수했다.(1911년 2월 20일『순종실록부록』) 그리고 2년 뒤 원구단

MEMORIAL HALL, KOREA.
韓國名所 皇帝卽位式南別宮

철거되기 전 원구단 모습. '명치 39년(1906년) 愛國婦人會京城市會' 기념 도장이 찍혀 있다. 왼쪽에 황궁우, 가운데에 지붕을 씌운 원구단이 보인다. [국립고궁박물관]

이 조선철도호텔의 부지 후보로 선정됐다. 원구단이 철거되고 그곳에 조선철도호텔이 들어섰다. 둥근 제단은 사라지고 원구단은 호텔 정원으로 변했다. 태조와 하늘신들의 위패를 모신 황궁우는 살아남았다. 지금 '圜丘壇'의 공식명칭은 '환구단'이다. '환'은 '에워싼다'는 뜻이고 '원'은 '둥글다' 혹은 '하늘'이라는 뜻이다. 당연히 '원구단'이라고 읽어야 한다. 조선에 하늘이 사라졌다. 식민의 시대가 도래했다. 땅의 역사

08 | 허세(虛勢) 가득한 날들이었다

대한제국 초대 황제 고종 등극 40주년 기념식

황태자, 생일잔치를 청하다

1901년 12월 11일 황태자 이척李坧이 황제 고종에게 상소를 했다.

'부황父皇 폐하의 높고 훌륭한 공덕은 선열보다 빛나고, 크고 깊은 혜택은 후세에 전할 것입니다. 하늘은 이 때문에 말없이 돕고 보답하려고 큰 위업을 맡기고 장수하게 하였으며 한없는 복을 주었나이다. 내년은 부황 폐하가 51세가 되고 왕위에 오른 지 40년이 되는 경사스러운 해옵니다. 소자가 동짓날에 모든 관리를 거느리고 축하를 올리도록 허락함으로써 하찮은 성의나마 조금이라도 펼 수 있게 하여 주시기 바라나이다.'

파티까지는 아니더라도 송덕문(치사致詞) 정도는 받아주시라는 것이다. 이에 고종은 "크게 벌이자는 것이 아니니 특별히 허락한다"고 겸손하게 상소를 받아들였다.(1901년 12월 11일 『고종실록』)

훗날 황제가 될 황태자는 이후 두 주일 동안 문무백관과 함께 네 번씩이나

대한제국 초대, 2대 황제 고종(왼쪽)과 순종(촬영 일자 미상) [국립고
궁박물관]

"이 김에 잔치도 벌이자"고 청하니, 마침내 고종이 받아들였다. "지금 백성이
처한 처지에서 헤아리면 짐의 마음이 편안하겠는가? 뿐만 아니라 내년 가을
에 해도 결코 늦지 않다."(1902년 12월 23~25일『고종실록』)

　이후는 일사천리였다. 다음 날 경운궁(현 덕수궁) 중화전에서 황태자는 황
제에게 송덕문을 올렸다. 이 중화전은 현재 중화전이 아니라 그 옆에 있는 즉
조당卽阼堂이다. 이보다 5년 전인 1897년 10월 7일 고종은 그가 정전으로 쓰

고 있던 즉조당을 태극전太極殿으로 개명했다. 닷새 뒤 황제가 된 고종은 이 듬해 2월 13일 태극전을 다시 중화전中和殿으로 개명했다.(1897년 10월 7일, 1898년 2월 13일 『고종실록』) 지금 중화전은 1902년 10월 19일 공식 완공됐다. 음력 정월 초하루인 1902년 2월 8일 고종은 옛 중화전에서 망육순과 즉위 40주년 축하를 받고 사면령을 반포했다. 허세 가득한 날들의 시작이었다.

황제, 즉위 기념식을 명하다

2월 8일 축하식이 끝났다. 2월 18일 고종은 황태자로부터 새로운 존호尊號를 받았다. 새 존호는 '乾行坤定 英毅弘休(건행곤정 영의홍휴)'. 이로써 고종황제의 존호는 '통천융운조극돈륜정성광의명공대덕요준순휘우모탕경응명입기지화신열외훈홍업계기선력건행곤정영의홍휴(統天隆運肇極敦倫正聖光義明功大德堯峻舜徽禹謨湯敬應命立紀至化神烈巍勳洪業啓基宣曆乾行坤定英毅弘休)'가 되었다. 48자다. 순조(77자), 영조(70자)에 이어 세 번째로 긴 존호다. 고종 사후에 열두 글자가 추가됐다.

3월 5일 존호를 받은 기념으로 황제는 또 사면령을 반포했다. 이날 고종이 내린 조칙에는 백성을 생각하는 마음이 담겨 있다. '백성이 굶주리고 나라의 저축이 거덜나서(黎民阻飢 國儲艱紬·여민조기 국저간출), 근심 걱정으로 비단옷에 쌀밥이 편안치 않지만 억지로 따랐으니 짐이 실로 부끄럽게 여겼다(不獲已勉從 朕實愧焉·불획이면종 짐실괴언).'(1902년 3월 5일 『고종실록』)

그런데, 의심스럽다. 2주일이 지난 3월 19일 고종은 이렇게 조령을 내렸다.

'올 가을에 등극 40년 경축 예식을 거행하려고 한다.'

절차를 의정부와 궁내부, 예식원, 장례원에서 마련하라는 명도 함께 내렸다. 고종 황제 본인이 내린 결정이었다. 존호 진상 이후 '아래에서 올라온' 40주년 기념식 건의는 기록에 없다. 본인이 본인 기념식을 하명한 것이다.

잔치를 벌이다

3월 29일 왕족인 완평군 이승은이 황제에게 기로소耆老所에 들라고 상소했다. 기로소는 관료들 가운데 기로耆老한 자들을 예우하는 기관이다. 지금 서울 세종로사거리 교보빌딩 부근에 있었다.

나이 칠십을 기耆라 하고 여든을 로老라 한다. 왕은 달라서, 태조는 예순에, 숙종은 쉰아홉, 영조는 쉰하나에 기로소에 들었다. 그 예를 따라 고종도 들라는 청이었다. 나흘 뒤 황태자가 기로소 입소와 함께 입소 잔치를 상소했다. 입소 잔치 이름은 양로연養老宴이다. 황제는 입소 요청은 받아들이고 잔치는 거절했다. 4월 13일 황태자 이척이 "떳떳한 규례이니 빠뜨릴 수 없는 일"이라며 다시 잔치를 청했다. 고종은 '간략하게' 치르라며 받아들였다.(1902년 4월 13일 『고종실록』) 결정은 곧 이행됐다.

5월 4일 오후 1시 고종이 지붕이 누런 황제 가마(황옥보연黃屋寶輦)을 타고 경운궁 대안문大安門(현 대한문)을 나왔다. 황토현(현 서울 동화면세점 일대) 신작로에는 완전군장을 한 군병들이 도열했다. 군악대가 나발과 북을 연주했다. 기로소 행사를 마친 황제는 오후 4시 환궁했다.(1902년 5월 5일 『황성신문』) 다음 날 황제는 세 번째 사면령을 반포했다.

그달 30일 아침 경운궁 함녕전에서 잔치가 벌어졌다. 다음 날 아침 또 잔치가, 밤에 또 잔치가, 6월 1일 아침과 밤 또 잔치가 열렸다. 잔치는 6일, 18일에 또 열렸다. 19일 밤에는 제국 영빈관인 대관정大觀亭(현 프라자호텔 뒤편)에서

'각 공사, 영사와 신사를 청하여 기악妓樂으로 잔치를 벌였다.'(1902년 6월 21일 『황성신문』) 잔치에는 평양, 선천, 진주 기생 30명과 서울 기생 50명이 동원됐다('기생'은 무용과 음악을 맡은 예인을 뜻한다). 황현에 따르면 궁내부에서는 잔치를 위해 프랑스제 촛대와 밥그릇을 구입했다. 잔치 시리즈에 투입된 음식값은 6만 9246원 8전 4리였다.

그해 굶주린 경기도민들이 인조릉인 장릉 송림을 침범하여 나무껍질을 모두 벗겼다. 능병들은 이를 막지 못했다. 송림 밑에서 쭈그리고 앉아 죽은 사람이 줄을 잇고 있었다. 황실이 양로연을 치르면서 연일 북을 치고 풍악을 즐기자 사람들은 궁중으로 기와조각을 던졌다. 고종은 신하가 잔치 자리를 옮길 때까지 투석投石의 변이 있었던 것도 몰랐다.(『매천야록』 제3권 1902년 15. 경기도의 기근, 19. 고종의 기로소 가입)

평양행궁과 기념비각

"동서양 나라들 중에 수도를 두 개 두지 않는 나라가 없나이다. 황제 폐하께서 세우신 터전은 크고 원대하여 옛날보다 뛰어나건만 유독 이 제도만은 아직 시행하지 못하였나이다." 기로소 입소 사흘 전 특진관 김규홍이 상소했다. 고종은 "별도로 편의 여부를 물어서 처분을 내리겠다"고 답했다.(1902년 5월 1일 『고종실록』) 닷새 뒤 고종이 말했다. "짐이 이에 대해 생각해 온 지가 오래되었다. 평양은 기자箕子가 정한 옛 도읍으로 예법과 문명이 여기서 시작되었다. 더구나 그곳 백성이 모두 바라고 기꺼이 호응하는 데에야 더 말할 나위가 있겠는가." 고종은 행궁 건설비용으로 내탕전 50만 냥을 내려보냈다.(5월 14일 『고종실록』) 양로 잔치가 한창이던 6월 3일 평양 행궁이 착공됐다. 6월 23

일 궁궐 이름은 풍경궁豐慶宮으로 정했다. 규모는 360칸이었다.

고종 즉위 40주년 기념비 설립도 이어졌다. 1902년 9월 설립된 조야송축소라는 관변 조직이 주도한 이 이벤트에서 이듬해 2월까지 공무원 1770명으로부터 3만 원이 모금됐다.(1903년 2월 27일『황성신문』) 1903년 9월 2일 기로소 앞에 기념비각이 설치됐다. 이게 서울 세종로 사거리에 서 있는 '기념비전紀念碑殿'이다.(문화재청이 만든 안내판에는 기념비 '각'이라 적혀 있다. 명백한 잘못이다.) 원구단 북동쪽 현 롯데호텔 자리에 돌로 만든 북 석고石鼓 건립 모금운동도 벌어졌다. '군수가 부호를 택하여 강제로 모금하기도 했고 군수가 착복하기도 했다.'(『매천야록』제3권 1903년 ① 7. 고종 경축연 보조금 징수) 고종의 탄생일인 양력 8월 28일에는 '만수성절'이라는 이름으로 또 잔치가 벌어졌다.

칭경 40주년 기념식

즉위 40주년 기념식 공식 명칭은 '어극40년御極四十年 칭경예식稱慶禮式'이다. 1902년은 1863년 고종이 열한 살에 왕위에 올라 황제로 40년을 맞은 해였다.

고종은 이 해 10월로 예정된 축하연을 각국 사절이 참석한 국제행사로 치르려고 했다. 메인행사인 칭경 40주년 기념식은 10월 18일, 외부인사 초청 행사인 외진연은 10월 19일, 궁중 내부행사인 내진연은 10월 22일로 예정됐다.

몇 차례 연기됐던 내외 잔치는 12월 3일 한 달 보름 전 완공된 경운궁 중화전에서 외진연을 시작으로 성대하게 거행됐다. 관청들은 문을 닫았고 상점들은 태극기를 게양했다. 7일에는 경운궁 관명전에서 내진연이 거행됐다. 잔치

덕수궁 수문장의 교대식 행렬

는 14일까지 관례에 따라 낮밤으로 이어졌다. 이에 앞서 대한제국 황실은 10월 19일 새 중화전 완공을 선포하고 이를 기념해 또 한 번 대사면령을 내렸다. 중화전을 신축한 이유는 간단했다.

"이렇게 해야만 임금의 지위가 더없이 엄하여 높고 낮은 구별을 보일 수 있기 때문이니라(如是而見簾陛之截 而尊卑之別矣·여시이견렴폐지절이존비지별의)."(1902년 10월 19일『고종실록』)

그런데 정작 메인행사인 기념식은 열리지 않았다. 이유가 있다.

창궐한 콜레라, 나랏돈 100만 원

'태양이 어떻게 생겼는지 거의 잊어버릴 지경이다. 콜레라는 원산의 말할 수 없는 오물, 이름 없는 악취와 지독한 날씨 때문에 노동 현장을 강타한 것

1902년 12월 3일 오전 9시 대한제국 수도 한성에 있는 황궁 경운궁 중화전에서 잔치가 벌어졌다. 고종의 망육순(望
六旬) 겸 즉위 40주년 축하 잔치였다. '망육순'은 '예순을 바라보는 나이' 쉰한 살을 뜻한다. 그해 대한제국 총예산은
758만 5877원(세출 기준)이었다. 축하 행사에 든 비용은 100만 원이었다.

같다.'(1902년 9월 7일『윤치호 일기』) 콜레라가 대한제국을 덮친 것이다. 이미 여름부터 창궐한 콜레라는 결국 팔도를 휩쓸었다. 제국 정부는 이로 인해 9월로 예정됐던 잔치를 거듭 연기했다. 1903년 4월 30일로 연기됐던 즉위 기념식 또한 다시 연기할 수밖에 없었다. 그해 4월 10일 일곱째 아들 이은李垠이 천연두에 걸린 것이다.

결국 대한제국 정부는 공을 들였던 칭경 기념식 행사를 취소하고 각국 정부에 이를 통고했다. 행사를 위해 지방에서 불렀던 임시혼성여단 부대도 해산하고 원대 복귀했다. 1904년 2월 러시아와 일본 사이에 전쟁이 터졌다. 대한제국은 남의 전쟁터로 변했다. 칭경 기념식은 완전히 무산됐다. 평양 행궁도 미완으로 끝났다.

1902년 8월 10일 칭경예식사무소가 의정부에 보낸 공문에는 칭경행사 비용이 100만 원으로 나와 있다. 명목은 칭경시각항비稱慶時各項費다.(『각사등록』 근대편,「각부청의서존안」 21 '예식때 각종 비용에 대한 예산외 지출 청의서', 1902년 8월 10일) 1902년 대한제국 총예산은 758만 5877원(세출 기준)이었다.(1902년 2월 7일『황성신문』)

나랏돈 13.2%가 허공으로 사라졌다. 평양 행궁은 1913년 병원으로 변했다. 위엄은 보였는가. 황제국은 되었는가. 아니 위엄을 보이면 황제국이 되는가.

황제국이 되려면

1450년 세종 32년 집현전 부교리 양성지가 상소를 올렸다. '모름지기 (적에게) 한번 대승大勝하여야 옳을 것이옵니다(須一大勝 而後可也·수일대승 이후가야). 저들이 우리 병력이 서로 대적할 수 있다는 것을 알게된 연후에야 감히 가볍게 군사를 일으키지 못하여 봉강封疆(황제로부터 받은 땅)을 가히 지킬 수 있습니다.'(1450년 1월 15일『세종실록』) 나랏돈 13%를 쓰면서 잔치를 벌인다고 부강해지지 않는다는 충언이었다. 생일잔치를 권한 아들이나 기념식을 명한 아비나, 위엄 따위 위엄 있는 말을 알지 못했다. 땅의역사

09 | 100년 전 서대문에는
황제만 걷는 다리가 있었다

그 많던 경희궁 건물은 어디로 갔을까

대한제국 시절 이탈리아 영사 카를로 로제티가 수집한 서대문 주변 풍경 사진. 서대문 고갯마루에서 광화문 방면을 찍은 이 사진에 돌다리 하나가 보인다. 1902년 10월 대한제국 황제 고종이 황궁인 경운궁(덕수궁)에서 경희궁으로 가기 위해 만든 구름다리다. [고지도 수집가 이돈수]

서울 서대문에 다리 하나가 있었다. 구름다리라고도 했고 무지개다리, 홍교虹橋라고도 했다. 대략 현 한국씨티은행에서 경희궁 앞 홍화문까지 난 다리였다. 다리 아래에는 전철이 지나갔다.

청나라 사람 양성기楊聖麒는 그 다리 옆에 살았다. 1908년 10월 원래 살던 집에서 서쪽으로 조금 떨어진 곳으로 이사했다. 옆에는 같은 양씨 성을 가진 가족이 세 집 있었다. 양성기는 청국 의사인지라, 그때 신문에 이렇게 광고를 한다.

'본인이 서대문 구름다리(운교雲橋) 동편에 살다가 지금 서쪽으로 이주했는데, 본인을 찾아오시는 점잖은 분들은 중화약국 생생당生生堂으로 왕림하시오.'(1908년 10월 27일『대한매일신보』)

아무나 걷는 다리가 아니었다. 대한제국 황제였던 고종이 황궁 경운궁에서 고개 건너 경희궁 행차용으로 만든 황제의 다리였다. 다리가 세워진 때는 1902년 10월이다. 콜레라와 홍수와 메뚜기 떼가 제국을 휩쓸던 1902년 서대문에 세워진 다리 이야기.

대한제국의 위용

1897년 2월 러시아 공사관으로 도주했던 고종이 경운궁으로 돌아왔다. 그때 이미 고종에게는 제국을 향한 꿈이 있었다. 러시아 공사관 생활 닷새째에 고종은 "경운궁과 경복궁 수리 이후 환궁을 결정한다"고 선언했다. 그리고 8월 10일 궁내부와 탁지부에 경운궁 수리를 맡겼다.(1896년 2월 16일 등『고종실록』) 환궁 이후 수리는 수리가 아니라 중건으로 이어졌다. 고종은 1897년 10월 12일 수리 중인 황궁 경운궁에서 대한제국을 선포했다.

1902년 경운궁 중건이 완료됐다. 2년 뒤인 1904년 2월 29일 함녕전 온돌에서 불이 났다. 궁궐이 전소됐다. 고종은 "나라가 가난하지만 반드시 중건하라"고 명했다.(1904년 2월 29일『승정원일기』)『경운궁중건도감』에 따르면 재중건 공사는 소요 기간 2년에 비용은 795만 2764냥 4전, 신화폐로 160만 원 가량이었다. 그해 대한제국 세입예산 1421만 원의 11%다.(김대준,『고종시대의 국가재정연구』, 태학사, 2004, p152)

막대한 돈을 쓴 이유가 있었다. 위용, 황제국의 위용을 위해서다. 청나라에 압박당하고 일본에 치이고 있는 조선을 황제국으로 격상시키고, 만국으로부터 독립을 인정받으려는 계획의 일환이 황궁 건설과 대규모 이벤트 실시였다.

그 가운데에는 칭경 40주년 기념행사가 포함돼 있었다. 1863년 조선 26대 왕으로 등극하고 40년이 되는 1902년을 국제적인 황제국 인정의 해로 삼으려 한 것이다. 이를 위해 벌인 일 가운데 하나가 경희궁 국제 '관병식觀兵式' 계획이었다. 만국 귀빈을 모셔놓고 대한제국 군대의 위용을 보이겠다는 것이다.

경복궁 중건과 경희궁

한국학중앙연구원이 펴낸『한국민족문화대백과』에는 경희궁이 이렇게 소개돼 있다.

'1860년(철종 11년) 전각의 부분적인 수리가 있었으며, 마지막으로 1902년(광무 6년) 일부 전각의 수리가 있었다. 이렇게 궁궐의 하나로 중요시되던 경희궁은 일제강점기에 건물이 대부분 철거되고, 이곳을 일본인들의 학교로 사용하면서 완전히 궁궐의 자취를 잃고 말았다.' 얼핏 보면 경희궁은 일본에 의해 훼손돼 폐허가 됐다는 뜻으로 읽힌다.

전혀 사실이 아니다. 식민지가 되기 전 경희궁은 이미 폐허였다.

1865년~1868년 경복궁 중건 과정을 기록한 『경복궁영건일기』에 따르면 1865년 8월 22일 '서궐 전각 중 숭정전, 회상전, 정심합, 사현합, 홍정당만 남기고 나머지는 모두 철거해 경복궁 공사현장으로 가져왔다. 목재가 대부분 썩어 좋은 것을 취해 사용했고, 바닥에 깐 박석들을 뽑아 광화문 앞에 사용했다.'

경복궁 중건이 시작된 날이 그해 4월 2일이니, 대원군은 경복궁 중건 계획을 세울 때부터 경희궁 철거를 염두에 두고 있었다. 궁이 아니라 재료로 생각하고 있었다는 뜻이다. 공터로 변한 궁지는 1868년 5월부터 관용 전답으로 분배됐다.(은정태, 「고종시대의 경희궁」, 『서울학연구』 34호, 서울시립대 서울학연구소, 2009)

—

1994년 재건한 숭정전. 원래 건물은 동국대에 있다.

폐허로 변한 숭정전 일대(1899년 이후 추정). 남아 있는 문짝이 하나도 없다. 경희궁은 대원군 경복궁 중건공사 시작 넉달 만에 건축 자재용으로 '깨끗하게' 철거됐다.

고종이 칭경 40주년 관병식을 위해 수리한 숭정전(1909년 촬영 추정) [조선고적도보]

경희궁 터는 1883년 뽕나무밭으로 변했다. 사람들은 경희궁을 '뽕나무 궁궐'이라 불렀다. 당시 한성에 체류 중이던 외국인들도 '뽕나무궁Mulberry Palace'이라 했다.(왕립아시아학회, 『Korea Review』, 10월호, 1902)

고종이 경희궁을 관병식 장소로 사용하려 한 까닭이 여기에 있었다. 땅만 평평하게 다지면 연병장이 확보되는 것이다. 남아 있는 전각도 수리를 하면 의전儀典에 활용할 수 있었다. 1899년 6월 1일 고종은 당시 최고 국빈인 독일 하인리히 친왕 방한 때 군사 1000명을 동원해 터를 고르고 관병식을 거행했다.

문제는 황제가 사는 경운궁과 경희궁이 너무 멀다는 사실이었다. 그래서 나온 답이 다리였다.

황제가 걷는 구름다리

1902년 8월 16일 고종은 경희궁 전각 수리를 명했다.(1902년 8월 16일 『고종실록』) 떨어져나간 숭정전 문짝도 그때 다시 달았다. 8월 23일 다리 공사도 시작됐다.(1902년 8월 23일 『황성신문』) 두 달 만인 그해 10월 다리가 완공됐다.

그런데 문제가 있었다. 다리 남쪽에 있는 러시아 공사관이 다리가 공사관 구역을 침범했다고 항의한 것이다. 분쟁이 해결되지 않자 러시아 공사관은 '통행하지 못하도록 다리 가운데를 철책으로 막아버렸다.'(1902년 11월 12일 『황성신문』)

불과 5년 전까지 황제를 자기 영역 안에 보호해줬던 나라에게 예상 못했던 반응이었다. 그때 평양에서는 고종 내탕금 50만 원이 들어간 360칸짜리 풍경궁豐慶宮 공사가 진행되고 있었다.(1902년 5월 14일 『고종실록』) 이 또한 러시아와의 친교를 염두에 두고 계획한 궁궐이었다. 우여곡절 끝에 다리가 완공됐다.

그런데 그 여름 콜레라가 제국을 덮쳐버렸다. 10월 18일로 예정됐던 기념식은 이듬해로 연기됐다. 1903년 4월 30일로 연기됐던 기념식은 고종 일곱째 아들 이은이 천연두에 걸리면서 또 연기됐다. 그 사이 일본과 러시아 사이 갈등이 증폭되고 1904년 2월 러일전쟁이 터졌다. 결국 모든 행사가 취소됐다.

1903년 가을 한국에 왔던 러시아 작가 바츨라프 세로셰프스키가 다리를 보았다. 세로셰프스키는 강대국에 의해 나라가 분해된 폴란드 출신이었다. 그가 이렇게 썼다. "국고 장부에 공공 이익을 위한 작업에 소요된 돈이라고 비밀스레 표기된 돈이 어디에 쓰이는지 보여주는 명백한 사례라 하겠다."(바츨라프 세로셰프스키, 『코레야 1903년 가을』(1905), 개마고원, 2006, p392)

조락해가는 풍경

1905년 11월 17일 2차 한일협약, 을사조약이 체결됐다. 외교권이 일본으로 넘어갔다. 정동에 공사관을 설치했던 그 어떤 나라도 을사조약이 불법이라고 비난하지 않았다. 난파선에서 쥐가 빠져나가듯, 정동에서는 서양 공사관들 철수 러시가 일어났다. 11월 24일 고종이 '큰 형'('Elder Brother': 1897년 9월 13일 '알렌이 국무부에 보낸 편지, '한미관계 자료집' Vol 3, p245)이라고 불렀던 미국이 일착으로 일본 정부에 철수 의사를 밝혔다. 순식간에 정동은 텅 비었다.

이듬해 봄날 텅 빈 황궁 경운궁에서 고종이 학부대신에게 명했다. "책을 끼고 공부하는 선비들을 보기가 드물다고 하니 대단히 안타깝다. 시급히 (성균관) 건물을 수리하고 뛰어난 선비들을 집결시킴으로써 도道를 빛나게 하라.”
(1906년 4월 15일 『고종실록』) 도道가 빛이 나겠는가. 세상이 완전히 무너지고
있는 마당에, 이 제국 황제는 성리학과 선비와 성균관 타령이나 하고 있으니.

빛이 날 수가 없었다. 구름다리 아래 서민 마을에는 많은 일이 벌어졌다.
1906년 10월 19일 낮술에 취한 군인들이 난동을 부리며 행인들을 검문하는
소동이 빚어졌고 이듬해 2월 운교 서쪽 솜틀집에서 불이 나 열 살짜리 아이가
질식해 죽기도 했다.(1906년 10월 20일, 1907년 2월 3일 『대한매일신보』) 세
상은 그렇게 흘러갔다.

1908년 3월 28일 서대문 구름다리는 어수선했다. 한 해 전 퇴임당한 태황
제 고종이 경희궁터에 있던 황학정에 행차해 활쏘기 시범을 보일 예정이었다.
황학정 사람들은 오래도록 사용하지 않던 구름다리를 수리하고 청소하느라
법석을 떨었다.(1908년 3월 28일 『대한매일신보』) 다섯 달 뒤 황제만 걸을 수
있는 그 다리에서 지폐 3원과 도장이 든 지갑이 발견됐다.(1908년 8월 13일
『대한매일신보』)

황제에 기댔던 구름다리 권위는 그렇게 무너졌다. 이후 다리가 사용됐다
는 기록은 없다. 1910년 덕수궁 평면도에도 위치가 표시돼 있으나 철거 시기
는 불분명하다.(오다 쇼고, 『덕수궁사』, 1938)

의리를 내던지고 국익을 좇았던 열강들은 1년이 못 돼 돌아왔다. 1906년
7월 28일 영국이, 9월 11일에는 미국이 옛날 공사관 자리에 영사관을 개설했
다. 정동은 다시 붐볐다. 1910년 나라가 사라졌다.

1908년 통감부는 황제 칙령을 통해 경복궁과 고종이 사는 덕수궁, 순종의
창덕궁만 황실 재산인 ‘궁宮’으로 분류하고 경희궁은 국유지로 분류했다.(이

규철,「통감부 시기 황실시설의 조사와 국유화」,『건축역사연구』통권 89호, 한국건축역사학회, 2013) 1925년 일본계 사찰 조계사曹谿寺가 평양 풍경궁 정문인 황건문皇建門을 매입해 절 문으로 재활용했다.(1925년 9월 22일『대한매일신보』) 이듬해 4월 조계사는 1500원을 주고 경희궁 숭정전을 뜯어갔다.(1926년 4월 11일『대한매일신보』) 숭정전은 지금 동국대 구내에 있다. 1928년 조계사는 숙종이 태어났던 회상전도 사들여 부엌으로 사용했다.(총독부,『경성부사』1권, 1934, p375) 동문東門인 흥화문은 1932년 이토 히로부미 추모 사찰인 박문사 산문으로 뜯겨갔다가 1988년 재이전됐다. 궁터는 일본인 학교인 경성중학교가 재활용했다. 대한제국은 재활용되지 못했다. 다리 옆 청나라의 의사 양성기는 다 보았을 것이다. 땅의 역사

옛 숭정전인 동국대 정각원 안에 있는 '숭정전' 현판

동국대에 있는 숭정전 건물

10 | 여기가 조선왕조의
시작이며 끝이었다

왕실에서 500년 찾아 헤맨 전주 이씨 시조 묘 조경단

전북 전주에 있는 '조경단' 전경. 조선왕조 500년 내내 왕실이 찾아 헤매던 전주 이씨 시조 묘다.

전북 전주 덕진동 전북대학교와 덕진체련공원 사이에 늘 닫혀 있는 문이 있다. 문 너머 공간 이름은 조경단肇慶壇이다. '경사가 시작된 제단'이라는 뜻이다. 또 있다. 옛 전주부성 남문 이름은 풍남문豐南門이고 서문 이름은 패서문沛西門이다. 풍豐과 패沛는 한나라 유방이 군사를 일으킨 강소성 패군 풍현을 가리킨다. 이쯤이면 조경단이 무엇이고 풍남문과 패서문이 무엇인지 짐작이 가리라. 조선 왕실에게 전주는 풍패지향豐沛之鄕, 새 왕조를 일으킨 제왕의 고향이라는 말이다.

조경단은 전주 이씨 시조인 이한李翰을 기리는 제단이다. 강원도 삼척에는 이성계 고조부인 이양무 무덤, 준경묘濬慶墓가 있다. 518년 이어진 조선 왕실은 건국 507년 뒤인 1899년에야 이들을 찾아내 단과 묘를 만들었다. 전주에서 시작해 두만강 건너 알동斡東까지 이어진 전주 이씨 왕실 흥망사 이야기.

전주를 떠난 전주 이씨들

'성품이 호방하여 천하를 경략할 뜻을 가진 이안사는 때마침 전주에 파견된 산성별감과 관기官妓를 두고 다투었다. 이에 이안사는 화를 피해 수하 식솔 170여 호와 함께 강릉도 삼척으로 거처를 옮겼다. 그런데 그 산성별감이 강릉도 안렴사로 부임하자 다시 화를 피해 바다를 건너 북쪽 덕원, 곧 함흥 땅으로 옮겼다.'(『태조실록』총서)

함흥은 그때 몽골 땅이었다. 삼척을 떠나기 전 이안사 부친 이양무가 죽었다. 삼척 지역 설화에 따르면 묏자리를 찾는 이안사에게 한 승려가 "소 백 마리를 잡아서 개토제를 하고 금으로 관을 만들면 5대 뒤 임금이 난다"고 했다. 가난한 이안사는 일백 백百 대신 흰 백白을 써서 흰 소를 제물로 삼고 황금 대신 누런 귀릿짚으로 관을 삼아 장사를 치렀다.(전주이씨 대동종약원『선원계보』, 17세 양무) '백우금관百牛金棺' 신화다. 5대 이성계가 조선을 건국했다.

금의환향한 다루가치들

이성계(5대)와 이방원(6대)까지 이들을 세종은『용비어천가』에서 해동육룡海東六龍이라 불렀다. 이안사(목조), 이행리(익조), 이춘(도조)과 이자춘(환조)과 이성계(태조)와 이방원(태종)이다. 1254년 이안사는 두만강 건너 지금 러시아 땅인 알동으로 옮겨 원나라 지역 관리가 되었다. 그 손자 이춘은 몽골 명이 발안첩목아李顔帖木兒였고 그 아들 이자춘은 오로사불화吾魯思不花였다. 이들은 몽골 지역의 수장인 다루가치로 넓은 영역을 통치했다.(『태조실록』총서)

그러다 이춘이 꿈을 꾸었는데 꿈속에서 흑룡과 싸우던 백룡을 도와주니 백룡이 '큰 경사가 자손에 있으리라'고 예언하는 것이다. 이에 아들 이자춘이 고려에 귀순해 공민왕 휘하에 몽골을 격퇴하고 함흥에서 아들을 낳았다. 그가 이성계다.

이성계 또한 왜구 격퇴에 무공을 세우고 드디어 새 나라를 세웠다. 백우금관 설화가 실현된 것이며 고조 때 쫓기듯 떠난 고향으로 찬란하게 복귀한 것이다. 그러니 삼척과 함흥과 고향 전주가 얼마나 소중하겠는가.

제왕의 땅, 풍패지향

전주는 전주 이씨 왕실의 고향이었다. 태종 12년(1412년)에 왕실은 전주에 어용전御容殿을 건립했다. 세종 때 경기전慶基殿으로 개칭된 어용전은 태조 이성계의 초상화를 봉안한 전각이다. 하지만 임진왜란 전까지 전주는 그저 왕실의 고향이었을 뿐, 제왕의 땅 풍패지향은 함흥과 함길도(함경도) 일대였다. 함길도 관찰사 정갑손은 "본도本道는 우리 조정의 풍패"라 했고(1443년 4월 7일『세종실록』) 선조 때에도 "(함길도는) 풍패의 땅이므로 지키지 않을 수 없다"고 했다.(1605년 5월 29일『선조실록』)

삼척에 대해서는 처음부터 왕실에서 큰 의미를 두지 않았다. 제후 조상묘는 4대까지 제사를 지내는 유교 예법에 따르면 이성계 5대조인 이양무는 제사를 올릴 수 없는 조상이었다. 그래서 1580년 강원도 감사 정철이 "천하 명

당에 이양무 묘를 찾았다"고 보고하며 정비를 요청했지만 묵살됐다.(이욱,
「조선시대 왕실 원조의 무덤 찾기」,『종교연구』60집, 한국종교학회, 2010)

왜란과 호란 두 전란이 끝나고 양반사회가 안정되던 조선 후기, 사대부 집안을 중심으로 족보 제작과 시조묘 찾기 열풍이 불었다. 사당에 위패를 모시고 고조부까지만 제사를 지내는 '사대봉사四代奉祀' 규정을 초월해 사당 대신 묘 앞에서 제사를 지내는 묘제墓祭를 통해 가문을 결속하려 한 것이다.(이욱, 「조선시대 왕실 원조의 무덤 찾기」,『종교연구』60집)

그러려면 묘가 필요했다. 자연스럽게 시조의 묘가 있는 전주가 풍패지향으로 부각됐고, 백우금관 건국설화를 품은 삼척이 성지聖地로 부각됐다.

현상수배 준경묘

삼척을 중심으로 강원도 지역에서 이양무 묘를 찾았다는 제보가 잇따랐다. 1640년 인조 때는 풍기 사람 박지영이 "묘를 꿈에서 찾았다"며 몽서夢書를 올렸다. 이듬해 최명길은 "가끔 꿈이 들어맞기도 한다"며 조사를 요구했다.(1640년 7월 15일, 1641년 5월 3일『인조실록』) 인조는 사람을 보내 지형을 조사하고 땅을 파봤으나 증거를 발견하지 못했다. 하지만 이후 인조는 관련자들에게 상을 줘 제보를 권장했다.(1649년 3월 24일『인조실록』)

'찾는 사람에게 백금百金과 판윤 벼슬을 준다'는 말에 제보가 봇물처럼 터졌다. 하지만 아무런 증거가 나오지 않자 허망虛妄한 말을 한 혐의로 제보자들이 벌을 받곤 했다.(1704년 1월 12일『숙종실록』) 대신 이양무와 그의 아내 이씨 묘로 추정되는 분묘 주변을 깔끔하게 정비하는 선에서 세월이 갔다.

진정한 제왕의 땅, 전주

1767년 전주성이 대화재로 불탔다. 그러자 전라관찰사 홍낙인은 남문과 서문을 재건하고 이름을 각각 풍남문과 패서문이라 이름 붙였다. 진정한 제왕의 성이 된 것이다. (이동희 「조선왕실의 시조사당 조경묘 창건과 그 역사적 의미」, 『국가 문화재 승격을 위한 조경단조경묘 학술대회 자료』, 전주역사박물관, 2020)

1771년 영조 47년 전주 경기전 북쪽에 조경묘肇慶廟가 건립됐다. 그해 10월 7일 영조는 시조 이한 사당 건립을 전격 지시했다. "내가 여든이 되어 거의 13세 할아버지 얼굴 뵙게 될 판인데 다시 어느 때를 기다리겠는가?"(1771년 10월 7일 『영조실록』) 왕족인 전주 이씨들 상소가 이어진 데다 영조 본인 또한

조선 왕실은 건국 이래 태조 이성계의 5대조 이양무의 묘와 전주 이씨 시조 이한의 묘를 찾기 위해 심혈을 기울였다. 고종 때 전주에 있는 시조 묘역에 제단을 지어 조경단이라 명명했다. 가운데 조경단, 오른쪽은 비각, 언덕 위에 시조 이한의 의묘가 보인다.

1899년 고종 명에 의해 세운 조경단 비석. '대한 조경단'이라고 적혀 있다. 대한의 경사가 시작된 제단이라는 뜻이다.

흔들리는 왕권을 강화할 필요가 있었다.

그달 21일 '터 닦기 공사'가 완료되고 11월 24일 사당이 완공됐다. 시조 이한의 묘역을 전혀 찾을 수 없는 탓에 사당만 지었다. 완공 사흘 뒤 특별 과거를 실시했는데, 전주 이씨와 (시조모 가문인) 경주 김씨 급제자가 없자 다음날 두 성씨만 대상으로 또 시험을 치러 4명을 급제시켰다. 마침내 전주가 조선 창업자 태조의 본향에서 공식적으로 조선 창업의 땅으로 격상된 것이다.

한 방에 해결된 준경묘와 조경단

한참 세월이 흐른 1898년 10월 24일 의정부 찬정 이종건이 시조묘를 모시지 못해 원통하다고 상소를 했다. 대한제국 황제인 광무제 고종이 답했다.

강원도 삼척에 있는 준경묘. 조선 태조 이성계 5대조 이양무의 무덤이다. 대한제국 황제 고종에 의해 대대적인 정비가 이뤄졌다.

전주 이씨 시조 이한의 묘 위치를 찾지 못해 대신 만든 제단, '조경단'.

"일반 백성도 조상을 모시는데 황제 집안이라고 안 모시겠는가."(1898년 10월 24일 『고종실록』) 1899년 1월 25일 고종은 "전주 건지산에 제단을 쌓고 조경단이라 부르라"고 명했다. 동시에 삼척에 있는 이안사 부부묘를 각각 준경묘와 영경묘로 이름하고 이를 정비하라고 지시했다. 물증이 없어서 500년을 미루던 대역사를 한 방에 해결한 것이다.

『매천야록』에는 이렇게 기록돼 있다. '고종이 시조 묘를 알리기 위해 거창한 역사를 시작했는데, 너무 거창하여 원성이 행인들 입에 오르내렸다. 그런데 함경도에서 온 지관 주씨가 몰래 참서를 묻어놓다가 발굴하였다. 참서에는 "황제를 칭한 뒤 300년 동안 국조가 이어진다"고 돼 있었다. 고종은 크게 기뻐하였다. 서울에서 감독관이 내려왔고 전북에서는 관찰사 이완용이 주관

했다.(『매천야록』제3권 1899년 ① 3. 조경단 신축)

고종은 자기 금고인 내탕고에서 5000원을 공사비로 하사했다.(1899년 1월 25일 『고종실록』) 턱없이 부족했다. 탁지부에서는 1만 원을 예비비로 추가 요청했다.(『각사등록』근대편 「각부청의서존안」11, '영건청 소관 조경단 건축비 지출 청의' 1899년 6월 20일) 이래저래 조경단 공식 공사비는 3만 8058원 57전이었다.(『각사등록』근대편「각부청의서존안」14, '조경단 건축비 증액 지출 건', 1900년 4월 28일) 대한제국 정부는 모자라는 공사비 보충을 위해 '김창석, 정귀조 등을 감독으로 임명해 비용을 지불하게 하였다. 이 두 사람은 모두 전주의 거부臣富였다.'(『매천야록』제3권 1899년 ① 3. 조경단 신축)

참 허망한 것이, 그리고 6년 뒤에 을사조약이 체결되고 또 5년 뒤 나라가 사라진 것이다. 뿌리는 찾았는데 그 뿌리에서 움터 창대하였던 그 나라가 온 데간데없이 사라지고 만 것이다. 그러니 전주에 가면, 웅지雄志로 세운 나라가 어떤 경로로 흥망을 겪었는지 한번 볼 일이다. 땅의 역사

11 | 허세의 제국이 문을 닫았다

을사조약과 군함 양무호

제국, 군함을 도입하다

1903년 1월 25일 대한제국 군부대신 신기선이 일본 미쓰이물산三井物産과 군함 인수 계약을 체결했다. 군함 이름은 훗날 양무호揚武號라고 지었다. 석 달 만인 4월 15일 양무호가 인천 제물포항에 입항했다. 규모는 3000톤이 넘었고 배에는 80㎜ 대포 4문과 5㎜짜리 소포 2문이 장착돼 있었다. 제국주의 세력이 호시탐탐 대한제국을 노리던 때이니 군비 증강은 필연이었다. 그해 7월 군부대신 윤웅렬尹雄烈이 황제 고종에게 상소했다. "당당한 우리 대한제국은 삼면이 바다인데도 해군 한 명, 군함 한 척이 없어 오랫동안 이웃 나라의 한심스럽다는 빈축을 사고 있으니 이보다 수치스러운 것이 있겠습니까?"(1903년 7월 29일『고종실록』) 16세기 말 이순신이 만든 조선 해군을 부활시키자는 이야기였다.

그런데 여론이 이상했다. '시국을 볼작시면 시급한 일을 정리하지 않아 위급하게 되었으니 군함 같은 일은 때를 기다려도 늦지 않으리라.'(1903년 6월 1일『황성신문』, '군함 사건을 논함') 황현이 쓴『매천야록』을 본다. '고물인 데다가 누수까지 되어 빨리 항해할 수 없었으므로 일본인을 고용하여 수선 작업을 벌이는 바람에 전후에 걸쳐 거액의 비용이 소모되었다.'(『매천야록』 제3권 1903년 ① 33. 일본군함 양무호 구입) 불필요한 고물선을 샀다는 것이다.

수수께끼의 군함

'소문을 들은즉, 정부에서 일본인과 계약하고 군함 한 척을 구입한다는데, 그 가격은 오십여만 원이라 하고 신품 여부와 톤수는 아직 모른다더라.' 1903년 2월 9일자『황성신문』은 정부가 비밀리에 추진해오던 군함 도입 계획을 특종으로 보도했다. 이미 1월 25일 군부대신 신기선이 일본 미쓰이물산과 군함 도입 계약을 완료한 상태였다. 3월 18일 이 신문은 "황제 폐하가 군함을 양무場武라고 명명했다"고 전했다. 배 이름은 원래 가치다테마루勝立丸, 총톤수 3435톤에 263마력짜리 엔진을 달고 있다는 기사도 튀어나왔다. 4월 15일, 계약 석 달 만에 군함이 인천 제물포에 입항했다.

그런데 이상한 소문이 돌았다. '신제품이 아니오, 기십 년 전 일본의 고물인데 누차 파손돼 일본 해상에 세워뒀던 배를 정부가 고가에 매입했더라. 해군이 사용하려면 본래 연로하고 파손된 물건이라 곤란하다더라.'(1903년 4월 25일『황성신문』)

며칠 뒤『황성신문』기자가 배에 올랐다. '본래 영국에서 제조한 것인데 일본에서 구매한 지 8년이라. 소문과 대단히 다르게 극히 완전 양호하여 우리 한국에 처음 있는 신함新艦이니 굉장하더라.'(1903년 5월 4일자『황성신문』)

1907년 부산세관의 선원훈련선으로 전용된 양무호. 1903년 대한제국은 일본 미쓰이물산으로부터 '군함' 양무호(揚武號)를 구입했다. 포 4문을 단 케케묵은 화물선이었다. 이 110만원짜리 배는 그해 예정된 고종 즉위 40주년 기념식용 의전함이었다. 그해 대한제국 군사 예산은 412만원이었다. [해군사관학교박물관]

1903년 대한제국과 일본 미쓰이물산이 맺은 군함 '양무호' 계약서. '군기는 적당히', '즉위 40주년용 접객실 특설', '미려한 서양 요리 기구 30인분' 따위가 계약 조건이었다. [국사편찬위]

중고품이지만 '신동급新同級'이라는 말이었다. 군졸 처소와 식당, 기계, 공구, 의약, 전등, 측량 기구, 병기, 무장 등 군함이 갖출 바를 완비하고 양총 150정, 칼 100자루, 육혈포 22정, 대포 4문, 소포 4문도 기자 눈에 완벽해 보였다.

'명품으로 치장한 군함'

겉은 그러했다. 다음은 1903년 1월 25일 군부대신 신기선과 미쓰이물산을 대신한 임시대리공사 하기와라 모리이치荻原守一가 맺은 계약의 부속 명세서 일부다.

'군기軍器는 적당히 완비할 일' '순양함 혹은 연습함의 목적에 변통變通함을 위함' '식당에는 미려美麗한 서양 요리 기구 30인분' '사령관 이하 함장 사관 25인 침구는 화려華麗한 서양 물품으로 완비' '일체 무기는 적당히 탑재' '각 구경 대포 실탄 외에 예포禮砲 연습용 공탄과 소총 탄환도 물론 적당히 둘 일'.

'융통해서 쓰려는(變通)' 목적이었으니 대한제국 정부는 이 배가 신품이 아니었음을 알고 있었다는 뜻이다. '미려한 서양 요리 기구'와 '화려한 침구'가 조건이었으니 군사 전용선을 주문한 것도 아니었다. 무기는 '적당히' 완비하고 예포용 공포탄 또한 적당히 두라 했으니 더욱 엉성했다. 양무호 가격은 '일화日貨 55만엔', 대한제국 돈으로 110만 원이었다. 그해 대한제국 군부軍部 예산은 세출 기준으로 412만 3582원이었다. 한 해 국방예산 26.7%를 투입한 배가 군함으로 봐줄 수 없는 것이었다. 중고라는 사실을 알면서 써제낀 돈이 그러했다.

오직 황제 기념식을 위하여

지금이라면 방산 비리로 줄줄이 사법 조치될 일이었으나 만사형통으로 넘어간 이유가 있었으니, 명세서 둘째 항목에 세 줄로 적혀 있는 아래 조건 덕분이다.

'접객실을 특설하여 대한국 황실 경절 때 봉축에 공할 일.'

당시 주한 미국공사 호러스 알렌은 이렇게 기록했다. '1903년 1월 군부대신 신기선이 약 55만 원(엔) 상당의 전함戰艦을 일본으로부터 구입하는 발주 계약을 체결함. 이는 어극 40년 칭경예식을 위해 발주한 것임.'(호러스 알렌, 「근대한국외교사연표」, 1904)

한 해 전인 1902년은 고종이 나이 열한 살에 조선 26대 왕에 등극한 지 40년이 되는 해였다. 만 쉰한 살이 된 망육순望六旬 해이기도 했다. 대한제국이 자주독립국가임을 만방에 알리고 문명국가임을 자랑하려는 칭경예식 행사가 곳곳에 예정돼 있었다. 그런데 마침 전국에 유행한 콜레라로 기념행사는 1903년으로 연기된 상태였다.

바로 그 연기된 행사를 위해 '군함'을 구입한 것이다. 오로지 40주년을 맞은 고종 황제 폐하 등극 기념식에 황제를 선상에 앉혀놓고 예포 몇 방 쏘려는 게 상고물 양무호를 수입한 이유였다. 해군과 무관했다. 자주국방과도 무관했다. 군부대신이 주장한 '삼면이 바다인 당당한 제국'과도 무관했다. 기왕에 거액으로 구입한 배이니 기념식에라도 썼다면 다행이었으되, '군함 양무호'는 그 어느 바다에도 떠다닌 적이 없었다. 대신 양무호는 가난한 대한제국 곳간을 바닥까지 싹싹 훑어내 빈 깡통으로 만들어버렸다.

"군복은 외제로"

1897년 10월 12일 대한제국이 선포됐다. 사흘 뒤 탁지부대신 박정양이 의정부 찬정 심순택에게 5만 원 지급요청 업무연락을 띄웠다. '(즉위식) 제반 비용을 결재해야 하는데, 금고가 텅 비었으니 이 어찌 군색하지 않으리오.' 이보다 열흘 전 박정양이 보낸 또 다른 업무 연락 제목은 '황제 도장御寶 제작용 황금 1000냥 구매 요청'이었다. 비용은 4만 5000원이었다. 그해 대한제국 세출예산 419만 427원 가운데 52만 원이 국채였다.

한번 솟구친 허세는 꺾일 줄 몰랐다. 고종은 군복에 쓸 철모를 독일 세창양행을 통해 수입했다. 대한제국은 이 철모를 대량으로 주문했다.(1899년 대한제국을 방문한 독일 하인리히 왕자 증언: 이경미, 「사진에 나타난 대한제국기 황제의 군복형 양복에 대한 연구」, 『한국문화』 vol 50, 규장각한국학연구원, 2010, 재인용)

1900년 육군참장 백성기가 이렇게 상소했다. "우리나라 군복을 꼭 외국에서 사와야 하겠는가?"(1900년 4월 17일 『고종실록』) 3년 뒤 군부대신 신기선이 상소를 올렸다. "육군 장교 군복 옷감을 외국에서 들여오는 것은 장구한 미래를 위한 계책이 아니다."(1903년 1월 18일 『승정원일기』) 1903년 대한제국의 세입 예산은 1076만 6115원이었다. 이 가운데 98만 8250원이 그해 갚아야 할 빚이었다.

1903년 여름 콜레라가 창궐했다. 10월로 예정된 40주년 기념식은 이듬해 4월로 연기됐다. 1904년 4월 고종 막내아들 이은이 천연두에 걸렸다. 기념식은 무기 연기됐다가 취소됐다. 미쓰이물산은 제물포에 정박해 있는 양무호의 관리비와 원금, 이자를 줄기차게 요구했다. "경비가 고갈되고 연례적인 지출도 걱정인데 긴요하게 쓸 것도 아닌 것에 거액을 소비한단 말입니까?"(1904년 7월 27일『고종실록』의정부 찬정 권중현 상소) 결국 해군 창설도 취소됐다.

1905년 을사조약

1905년 11월 17일 경운궁 중명전 1층 회의실에서 대한제국 외교권을 일본에 넘기는 을사조약이 체결됐다. 11월 15일 일본 특명대사 이토 히로부미는 황제에게 일본 천황 친서를 내밀며 승낙을 강요했다. 고종이 "사신 왕래 같은 형식은 보존하게 해 달라"고 말했다. 이토는 "외교에는 형식과 내용 구별이 없다"고 거부했다. 고종은 "외부대신에게 교섭과 타협에 힘쓰라고 하겠다"고 답했다.(『주한일본공사관기록』25권, 7. 한국봉사기록 (2)한국파견대사 이토의 복명서, 1905년 12월 8일) 17일과 18일 사이 심야에 대신들이 모인 자리에서 속칭 '보호' 조약이 체결됐다. 22일 이토가 탄 열차에 원태근이라는 사내가 돌을 던졌다. 원태근은 곤장 200대와 2개월 금고형을 받았다.(『주한일본공사관기록』24권, 11. 보호조약 1~3 (139)이토 대사 탑승 열차 위해범 원태근 조치 건, 1905년 11월 28일)

11월 27일 궁내부 특진관 조병세가 "조약을 폐지하고 역적을 처단하라"고 상소했다. 황제는 "크게 벌일 일이 아니니 귀가하라"고 답했다.(1905년 11월 27일『고종실록』) 상소가 이어지자 고종은 "다 잡아들이라"고 명했다.(11월 28일『고종실록』) 11월 30일 쫓겨난 민영환이 집에서 자결했다. 황제는 그날 민영환에게 대광보국숭록대부 의정부 의정대신을 추증하고 충문忠文이라는 시호를 내렸다. 12월 1일 조병세가 자결했다. 고종은 충정忠正이라는 시호를 내렸다. 훗날 을사 역적들이 "이미 짐의 뜻을 말하였으니 모양 좋게 조처하라'

는 폐하의 명령대로 했을 뿐"이라고 상소했다. 이에 고종은 "각고의 노력을 기울여 속히 타개할 계책을 도모하라"고 답했다.(1905년 12월 16일 『승정원일기』) 세월이 갔다.

중명전 기념사진과 고종

정미년인 1907년 7월 19일 경운궁에서 고종이 황제 자리에서 강제로 물러났다. 나흘 뒤 정미조약이 체결됐다. '한일신협약'이라고 한다. 군사권이 일본에 넘어갔다. 8월 1일 대한제국 군대가 해산됐다. 소령 박승환이 자결했다. 그날 남대문에서 전투가 벌어졌다. 임진왜란 이후 한일 정규군이 최초로 맞붙은 시가전이었다.

그해 12월 어느 날 을사조약이 체결됐던 중명전에서 을사조약과 정미조약 당사자들이 일본으로 유학을 가는 황태자 은과 기념사진을 찍었다. 아들을 떠나보내는 황제가 촬영 장면을 뒤에서 구경했다. 사진가도, 내각도 황제를 비키라고 하지 못했다. 웃고 있는 옛 황제 표정이 웃기지도 않다. 1909년 11월 29일 대한제국 정부는 양무호를 일본 오사카의 히라다상회原田商會에 매각하기로 결정했다. 110만 원짜리 군함의 재판매 가격은 4만 2000원이었다.(『고종시대사』6집, 1909년 11월 29일)

이보다 300년 전 임진왜란 때 천하의 일본군을 숨죽이게 만들었던 조선 해군이었다. 그 일본군은 양무호를 러일전쟁 때 징발해 화물선으로 사용했다. 대한제국을 접수한 뒤 양무호는 화물선으로 아시아 바다를 돌아다니다 싱가포르 앞바다에서 침몰했다고 전한다. 땅의역사

1907년 12월 일본으로 떠나는 고종 막내아들 영친왕 이은(가운데)이 당시 내각과 기념사진을 찍었다. 이들 대신은 모두 망국 후 일본으로부터 귀족 작위를 받았다. 오른쪽 귀퉁이에 평복을 입은 사내는 그해 7월 황제에서 강제 퇴위된 고종이다. [국립고궁박물관]

12 | 망국 직전 대한제국에는 훈장이 발에 걸리도록 많았다

대한제국 망국기 훈장 남발 전말기

망국과 훈장 이야기

1897년 10월 12일 대한제국의 황제가 된 고종은 제국 선포 2년 6개월 뒤인 1900년 4월 19일 '훈장조례'를 발표하고 근대 훈장제도를 실시했다. 대한제국 훈장은 크게 일곱 등급이었는데, 그 가운데 가장 격이 높은 훈장은 금척대훈장金尺大勳章이었다.

두 황제 광무제 고종과 융희제 순종은 모두 이 금척대훈장을 받았다. 황제들을 제외한 인물로 첫 번째 금척대훈장을 받은 사람은 1904년 대한제국을 방문한 독일 헨리 친왕이다.(1904년 3월 20일『고종실록』) 헨리 친왕 서훈 나흘 뒤 또 다른 외국 인사가 금척대훈장을 받았는데, 일본 추밀원 의장인 일본 후작侯爵 이토 히로부미伊藤博文다. 1904년 훈장을 받은 왕실 종친 이승응에 이어 네 번째와 다섯 번째 인물은 민영환과 조병세다.(1905년 12월 1, 2일『고종실록』) 두 사람 모두 생전이 아니라 자결한 다음 날에 받았다. '금척'은 도대

대한제국 2대황제 융희제 순종(왼쪽)과 1917년 8월 8일 『매일신보』에 실린 고종 사진(오른쪽) [서울역사박물관]

체 무엇이며, 왜 이런 일이 벌어졌는지 알아본다. 이름하여 '망국 대한제국 훈장 남발 전말기'다.

금척 신화와 조선왕국

'임금이 등극하기 전 꿈에 신인神人이 금으로 만든 자(금척金尺)를 가지고 하늘에서 내려와 주면서 말하기를, "이것을 가지고 나라를 바룰 사람은 공公이 아니고 누구이겠는가?"하였다. 그 뒤에 어떤 사람이 집 밖에 이르러 이상한 글을 바치면서 말하기를, "이것을 지리산 바위 속에서 얻었습니다" 하여 보니 이렇게 적혀 있었다. "목자木子가 돼지를 타고 내려와 다시 삼한三韓 강토를 바로잡을 것이다.'"(1392년 7월 17일『태조실록』)

전주 이李씨 이성계가 고려 왕조를 타도하고 새 왕조를 연 역성혁명을 정당화하는 설화다. 木(나무 목)과 子(아들 자)가 든 사람이 금으로 만든 자, 곧 변하지 않는 금척을 법도로 삼아 새 지도자가 되리라는 예언이다. 500년이 지난 1902년 26대 왕 고종 50세 축하잔치에서 무동들의 축하공연 제목도 '몽금척夢金尺', '꿈에 금척을 보았다네'였다.(1902년 5월 30일『고종실록』) '몽금척'은 500년 전인 1393년 7월 26일 정도전이 지어 태조에게 바친 노래 제목이기도 하다. 금척金尺은 그렇게 조선 내내 권위와 권력을 상징했다.

태조 고황제가 기뻐하리라 - 훈장의 시작

1899년 양력 6월 17일 광무제 고종은 "좋은 본보기를 보이고 명성을 넓혀 사람마다 흠모하면서 정성과 충성을 발휘하도록 복식과 표장에 관한 제도를 만들라"고 지시했다. 1900년 4월 17일 황제는 칙령 13호를 통해 훈장 조례를 반포했다. 훈장은 금척, 서성瑞星, 이화李花 대훈장과 태극장, 팔괘장, 자응장 6종이었다. 특히 금척대훈장은 극히 예외를 제외하고는 황실만 패용 가능한 훈장으로 명시했다.

고종은 이성계의 '몽금척'을 상기시켰다. "태조 고황제 영혼도 기뻐 복을 내릴 것이나, 나는 주야로 전전긍긍 허물을 끼치지 않을까 두려워하고 있으니 각자 힘쓰라."(1900년 4월 17일 『고종실록』) 4년 뒤 황제는 대궐 여관女官들을 위해 여자 전용 훈장 서봉장瑞鳳章을 신설했다.(1904년 3월 30일 『고종실록』)

500년 왕조의 상징을 '훈장'이라는 물건에 구현했으니 감격스러운 날이었다. 대접받지 못하던 여자들도 수훈의 권리를 하사했으니 고종은 참으로 근대적인 지도자 아닌가. 하지만 '주야 전전긍긍'의 의지와 '태조 고황제의 복'은 발현하지 못했다.

망국으로 가는 길목 그리고 훈장

대한제국이 일본에 넘어간 세 가지 결정적인 조약은 1904년 한일의정서와 1905년 을사조약(2차 한일협약), 1910년 한일병합조약이다. 기이하게도 그 세 고비마다 대한제국 황실은 훈장을 광범위하고 납득하기 어렵게 남발했다.

러일전쟁 발발 직후인 1904년 2월 23일 일본은 대한제국 영토를 자기네 군사기지로 사용할 수 있도록 한일의정서를 맺었다. 그리고 3월 20일 일본 추밀원 의장 이토 히로부미가 특파대사 자격으로 고종을 알현했다. 이토는 고종에게 천황 메이지 선물이라며 30만 엔을 상납했다.(「조던 공사가 랜스다운 외무장관에게 보낸 편지」, 『영국 외무부 자료』, 문서번호 FO17-1659, 1904년 3월 31일)(박종인, 『매국노 고종』 와이즈맵, 2020 참조)

민영환(왼쪽)과 조병세(오른쪽). 1905년 을사조약에 항의하며 자결한 이 두 사람은 황제 고종으로부터 금척대훈장을 추서 받았다.

이날 황제는 주한일본공사 하야시 곤스케林權助를 비롯한 일본공사관 직원 '전원'에게 훈장을 내렸다. 나흘 뒤 황제가 조령을 내렸다. "이토 히로부미를 특별히 대훈위에 서훈하고 금척대수장을 주라." 다음 날 황제는 이토가 타고 온 군함 함장 대위 이노우에 도시오와 시바후 사이치로에게도 훈장을 하사했다. 명분은 '친목과 친애의 뜻'이었다.(1904년 3월 20, 24일『고종실록』) 이듬 해 1월 18일 황제는 대한제국에 주둔한 한국주차군 사령관 하세가와 요시미치에게 대훈위 이화대수장을 하사했다. 1907년 8월 27일 갓 황제에 등극한 융희제 순종은 하세가와에게 금척대수장을 줬다.

국권 망실과 대훈장파티

1905년 11월 17일 2차 한일협약, 을사조약이 체결됐다. 외교권이 일본으로 넘어갔다. 조약 협상 '이틀 전'('뒤'가 아니다) 고종은 일본 육군중장 이노우에 요시토모부터 소위급인 해군 소군의少軍醫 오카다 고가네마루까지 모두 65명에게 훈장을 하사했다.(1905년 11월 15일『고종실록』) 국권이 넘어가고 이를 성토하는 상소가 잇따랐다. 황제는 그 숱한 상소를 "크게 별일 아니다"라며 물리쳤다.(1905년 11월 27일『고종실록』)

11월 30일에 무관장 민영환이 자결했다. 고종은 12월 1일 민영환에게 대훈위 금척대훈장을 추서했다. 그날 원로 대신 조병세가 자결했다. 다음 날 고종은 조병세에게 대훈위 금척대수장을 하사했다. 왕실 종친 완평군 이승응(1904년 9월 16일)에 이어 대한제국 네 번째와 다섯 번째 금척대훈장이었다.

이듬해 4월 9일 아들 의친왕 이강이 대훈위 금척대수장, 또 이듬해 5월 28일 또 다른 아들 영친왕 이은이 대훈위 이화대수장을 받았다.

1908년 1월 29일 신임 황제인 융희제 순종은 일본 추밀원 의장 겸 육군 대장 야마가타 아리토모와 총리대신 사이온지 긴모치에게 대훈위 금척대훈장을 수여했다. 훗날 총독부 정무총감이 된 체신대신 야마가타 이사부로는 대훈 이화대수장을 받았다. 훈장을 받은 사람은 독일인 1명을 포함해 59명이었다.

1910년 8월 22일 대한제국 정부는 창덕궁 흥복헌에서 마지막 회의를 열고 한일병합조약 체결을 의결했다. 나흘 뒤 황제 순종은 내각총리대신 이완용과 궁내부 민병석에게 금척대수장을, 내부대신 박제순과 탁지부 고영희, 농상공부 조중응 따위에게 이화대수장을 하사했다. 모두 10명이었다.(1910년 8월 26일『순종실록』) 8월 29일 '한일병합조약'이 공포됐다. 나라가 사라졌다.

환희작약하는 귀족들

1910년 10월 7일 서울 남산 총독부에서 파티가 열렸다. '병합에 기여한' 공로로 '조선귀족'에 선정된 고관대작 작위 수여식이었다. '전 친위부장관 이병무씨가 구한국 육군 부장 정장을 입고 총독부에 올랐다. 금빛 광채를 사방에 떨치며 의기양양하게 1등으로 현관에 마차를 옆으로 대고 정1품 보국 민영소와 전 탁지부대신 고영희와 이재완, 윤택영, 전 내부대신 박제순과 이재극과 전 법부대신 이하영씨 (중략) 전 총리대신 이완용과 전 농상공부대신 조중응과 전 내각 서기관장 한창수씨 등 (중략) 전 탁지부대신 임선준과 전 학부대신 이재곤과 전 시종원경 윤덕영과 전 궁내부대신 민병석씨 등이 당도했다. 얼굴에 번뜩이는 희열喜悅은 일장 가관이있다.'(1910년 10월 8일『매일신보』2면) 훈장에 작위까지 겹경사가 터졌으니, 저들은 참새가 소리 지르며 날뛰듯 환호작약歡呼雀躍했다.

사진에 흘러넘치는 훈장들

그리고 8년이 지난 1918년 고종이 아들들과 기념사진을 찍었다. 1918년 1월 13일 덕수궁 석조전 앞이었다. 공식 명칭은 도쿠주노미야德壽宮 이태왕李太王이었고, 아들 순종의 명칭은 쇼토쿠노미야昌德宮 이왕李王이었다.

사진 앞줄 가운데 고종이 앉아 있다. 왼쪽으로 영친왕 이은과 조선총독 하세가와 요시미치, 오른쪽으로는 순종과 의친왕 이강, 부총독 격인 총독부 정무총감 야마가타 이사부로가 앉아 있다. 영친왕 이은과 야마가타는 이화대수장을, 나머지는 금척대훈장 서훈자들이다. 국가는 청산淸算당하고 사라졌는데 뙤약볕 아래 금척들이 반짝인다. 소름이 끼치지 않는가.

뒷 이야기

여자에게도 훈장을 주라는 근대적인 하명에, 여성 전용 서봉장이 신설됐다. 1905년 10월 5일 그 첫 서훈자가 나왔다. 두 명이었는데, 한 사람은 엄씨고 한 사람은 김씨였다. 엄씨는 영친왕을 낳은 황귀비 엄씨였다. '연원군 부인'이라는 군호를 가진 김씨는 의친왕 이강 아내였다. 두 사람은 남편과 시아버지로부터 서봉대수훈장을 받았다.(1905년 10월 5일『고종실록』) 1907년 1월 24일 또 다른 여성 서훈자가 탄생했다. 이번에도 황제 고종 피붙이인 아들 순종의 계비 윤씨였다.

1909년 8월 27일 황후가 된 윤씨는 직접 전현직 고관 아내들에게 서봉장을 수여했다. 그리고 11월 12일 다시 한번 여성을 위한 집단 서훈식이 열렸다. 이번에도 태자 스승인 이완용의 아내 조씨를 비롯한 고관 아내들이었다. 이번에는 일부 상궁들도 받았다.(1909년 11월 12일『순종실록』)

1910년 8월 21일 공식적으로 마지막 서봉장 서훈식이 열렸다. 이 또한 황후가 주재했다. 우리가 익히 들어 알고 있는 사람의 아내들과 궁내 여관女官 45명이 훈장을 받았다. 농상공부대신 조중응 아내도 포함됐는데, 두 사람이었다. 한 사람은 정경부인 최씨였고 한 사람은 정경부인 미쓰오카光岡씨였다.(1910년 8월 21일『순종실록』) 바로 그 다음 날 대한제국은 합병조약 체결을 승인했다. 조약 체결 나흘 뒤인 26일, 며칠 전 아내들이 훈장을 받았던 남편들도 훈장을 받았다. 사라진 그 나라에 훈장은 발에 채이도록 많았다. 땅의역사

1918년 1월 13일 덕수궁 석조전 앞에서 촬영한 영친왕 이은 귀국 기념사진. 조선총독부와 조선 왕실, 그리고 조선 귀족들 얼굴이 보인다. 앞줄 가운데에 옛 황제 고종(모자 든 사람)이 앉아 있고 그 왼쪽으로 영친왕 이은, 조선총독 하세가와 요시미치(콧수염)가 앉아 있다. 고종 오른쪽으로 순종, 의친왕 이강과 총독부 정무총감 야마가타 이사부로가 앉아 있다. 모두 대한제국으로부터 최고등급 훈장인 금척대훈장과 이화대훈장을 받은 사람들이다. [서울역사박물관]

답사 안내

* 각 장별 중요 답사지 주소 및 검색어입니다. 답사지가 없는 장은 제목만 표시했습니다.
* 대중교통은 인터넷으로 검색해주세요.
* 모든 장 배경이 여행하기 좋은 곳들만은 아닙니다. 답사할 곳이 전국으로 흩어져 있는 경우도 있습니다. 이런 점을 감안해 주세요.
* 2020년 이후 대한민국을 지배 중인 코로나 바이러스 탓에 답사가 불가능한 곳도 있습니다. 꼭 미리 체크해주세요.
* 답사지가 없는 장은 제목만 표시했습니다.

1장 폭정

1. 절대폭군 연산군의 막장 정치

• 연산군 묘: 서울특별시 도봉구 방학동 산77. 아내인 거창 신씨와 같이 묻혀 있다. 거창 신씨 외할아버지인 세종의 넷째 아들 임영대군의 땅이다. 앞에 있는 은행나무는 지금도 무속인들의 단골 기도처. 주차공간이 매우 협소하다. 월요일 휴무
• 연산군 금표비: 경기도 고양시 덕양구 대자동 산10-2. 도로변에 있다. 금표비 부근에 무풍군 이총을 비롯한 연산군에 의해 떼죽음을 당한 칠공자의 가족묘도 있다. 그 사당 앞에 주차를 하고 걸어서 답사해도 좋다.
• 연산군 유배지: 강화도 부속섬인 교동도에는 연산군 유배지로 표시된 장소가 두 군데 있다. 하나는 교동읍성 옆 언덕. 교동면 읍내리 270번지다. 또 하나는 교동면 고구리 산233. 인천광역시는 이곳을 공식 유배지로 확정해 초가를 세우고 수레로 호송되는 연산군 마네킹을 갖다 놓았다. 읍성에 있는 관리가 죄수를 관리하기 용이한 읍성 옆 언덕이 진짜 유배지가 아닌가 한다.

2. 선왕 유모를 세 번 죽인 연산군과 그에게 동조한 영혼 없는 신하들

3. 조선 검찰 사헌부 잔혹사

• 사헌부 터 표석: 서울 경복궁 앞 정부청사 앞길. 대한민국역사박물관 맞은편 인도에 있다.

4. 조선왕조 권력층의 부동산 폭력

5. 남한산성 비석숲에 숨은 복잡다기한 역사

- 광주 남한산성: '남한산성' 검색. 비석숲(비림)은 남문의 입구 왼쪽(성으로 들어와서 남문을 바라볼 때) 오솔길 끝에 있다.
- 정읍 조규순 선정비: '정읍 피향정' 검색. 정자 왼편에 있는 비석들을 잘 봐야 한다. 왼쪽 끝에 조병갑 아비 조규순의 선정비가 있다.
- 문경새재 이인면 애휼비: 문경새재 1관문에서 2관문으로 오르다 오른편 바위에 새겨져 있다.
- 보령 선영홍 선정비: 충북 보은 '선병국가옥' 검색. 대문 바깥 군부대쪽 마당에 있다.

6. 최후의 능지처사, 김옥균

- 김옥균 무덤: '아산 김옥균선생유허지' 혹은 '영인면 아산리 494-2' 검색.

2장 당쟁

1. 기축옥사(己丑獄事)와 적가문서(賊家文書·역적의 문서)

- 정철 묘: '송강 정철 묘소' 혹은 '충북 진천군 문백면 송강로 523' 검색. 묘소 아래에 거대한 정철 사당인 송강사가 있다.
- 진안 죽도: 전북 진안. '진안군 동향면 성산리 911-7' 장진마을 검색. 마을 안쪽으로 개울 따라 길이 있고 크게 휘는 부분 앞에 죽도가 있다.

2. 인조반정 공신들의 밀약

- 죽림서원(황산서원): 충남 논산시 강경읍 금백로 20-8
- 조광조 유허비: '정암 조광조선생 적려유허비' 혹은 전남 화순군 능주면 남정리 173-3.
- 정읍 송시열이 사약을 받은 곳: 전북 정읍시 수성동 672-4. 지번은 전북 정읍시 우암로 54. '송우암수명유허비' 검색.

3. 포저 조익 묘의 비밀과 주자(朱子) 절대주의자 송시열

- 포저 조익 묘: 충남 예산군 신양면 신양리 산33-1. '포저조익선생묘소' 검색. 문제의 신도비는 묘소도 가는 길 입구 오른쪽에 있다.
- 한천정사: 병자호란 직후 송시열이 낙향해 은둔했던 곳. 충청북도 영동군 황간면 원촌리. '한천정사' 혹은 '월류봉' 검색. 강변에 송시열의 비석이 있다. 월류봉의 경치가 좋다.
- 우암사적공원: 대전광역시 동구 충정로 53. 또 다른 송시열의 은둔지인 옛 회덕 남간정사를 공원화한 곳이다.
- 송시열 묘소: 충북 괴산군 청천면 청천8길 19. '우암송시열묘' 검색.

4. 송시열의 진영 논리와 소장파의 집단 반발
- 천재암(천년바위): 서울 종로구 '서울과학고등학교' 검색. 교정 뒤쪽 '우암관' 정원에 있다. '古今一般' 네 글자를 볼 수 있다. 방문은 반드시 교문 쪽 경비실에 허락을 받아야 한다.
- 송시열 집터: 종로구 혜화동 성균관로17길 37 방산빌라 벽면 '曾朱壁立'이라는 글자가 새겨져 있다. 위 서울과학고등학교 왼쪽 골목길로 올라가다가 안내판이 나온다.

5. 노·소론 갈등과 논산 윤증 고택의 비밀
- 논산 명재고택: '명재고택' 검색.
- 논산 궐리사: '노성궐리사' 검색.
- 윤증 묘소: 공주시 계룡면 향지리 산11-11번지. 행정구역은 다르지만 승용차로 15분 거리다.

6. 이경석 신도비에 숨은 노론(老論) 정치의 본색
- 이경석 묘소와 신도비: 경기도 성남시 분당구 석운동 15-11 혹은 '이경석선생묘' 검색.
- 삼전도비: 서울 잠실 석촌호수공원 내. 서울 송파구 송파나루길 256. 석촌호수사거리 모퉁이에 있다.
- 인흥군 묘: 경기 포천시 영중면 양문리 산 18-6. 낚시터 뒷산. 묘 옆에 이경석이 쓴 신도비가 있고 아래에 송시열이 쓴 신도비가 있다.

3장 비겁한 전쟁-병자호란

1. 병자호란과 가짜의 계보1
- 광주 남한산성: '남한산성' 검색.

2. 병자호란과 가짜의 계보 2
- 의순공주 묘(추정): 경기도 의정부시 금오동 산45-21. 의정부 '산장아파트'를 검색하면 주택단지 내에 자동차 주차공간이 나온다. 그 주차공간 옆으로 산길이 있는데, 산길 오른편에 묘역이 보인다. 의순공주 묘(족두리산소)는 묘역 맨 끝 쪽에 있다.

3. 병자호란과 가짜의 계보 3
- 벽제관터: 고양시 덕양구 고양동 벽제관로 34-16 혹은 '벽제관지' 검색.

4장 허세의 제국-대한제국

1. 자기 집 일처럼 국정을 좌우한 왕비 민씨

2. 나라를 가지고 놀았던 법부대신 이유인의 일생
- 금당실마을: 경북 예천군 용문면 상금곡리 혹은 '금당실전통마을' 검색. 이유인이 살았던 집은 마을 초입 '반송재'에 흔적이 남아 있다. 반송재 오른쪽 밭이 99칸 본채가 있던 자리다. 마을 안에 이유인이 집을 짓느라 가져다 쓴 송림이 남아 있다. 금당실 주변은 볼 곳도, 갈 곳도 많으니 포털에서 검색해봐야 한다.
- 이유인 묘소: 충북 충주 국망봉 기슭. 높은 곳이고 안내판이 없어서 답사는 포기해야 한다.

3. 선정비에 은폐된 구한말 부패시대

4. 갑오년 조선 관비유학생
- 정동교회: 서울 '정동제일교회' 검색. 김란사가 기증한 파이프오르간이 보관돼 있다.

5. 아관파천(俄館播遷)과 국가 최고지도자 고종
- 경복궁과 덕수궁: 서울 '경복궁' '덕수궁' 검색.
- 러시아공사관: '구 러시아공사관' 혹은 서울 중구 정동길 21-18 검색. 덕수궁과 러시아공사관 사이에 고종이 아관파천 때 이용했다고 정부에서 주장하는 길이 '고종의 길'이라는 이름으로 시멘트로 복원돼 있다.

6. 운산금광 노다지가 미국에 넘어간 전말기
- 본문에 이미지로 사용된 정선 '천포금광'은 정선 '천포금광촌'으로 복원돼 있다. 옛 '화암동굴'이다. 화암면 화암동굴길 12-1 검색.

7. 대한제국 선포와 천제(天祭)를 올린 원구단(圜丘壇)
- 원구단: 서울 소공동. 서울시청 동쪽, 덕수궁 맞은편 웨스틴조선호텔 구내. '단(壇)'이 있던 자리는 호텔로 변했고, 현재 남은 건물은 천제 때 필요한 위패, 제기를 모신 황궁우다.
- 남단터(추정): 옛 미군기지(현 용산공원 부지) 안에 있다. 현재 접근 불가.

8. 대한제국 초대 황제 고종 등극 40주년 기념식
- 덕수궁: '덕수궁' 검색.

9. 그 많던 경희궁 건물은 어디로 갔을까
- 경희궁: '경희궁' 검색. 숭의전을 비롯한 몇몇 전각이 복원돼 있다. 옆에 있는 서울역사박물관

답사를 겸하면 금상첨화.
- 옛 숭의전: '동국대학교 정각원' 혹은 서울특별시 중구 필동로1길 30 검색.

10. 왕실에서 500년 찾아 헤맨 전주 이씨 시조 묘, 조경단

- 조경단: '조경단' 혹은 '덕진체련공원' 또는 전북 전주시 덕진구 덕진동1가 검색. 체련공원에 주차를 하고 오솔길을 걸어들어가면 된다. 문이 닫혀 있으니 전주시에 방문 문의. ☎ 063-281-2790
- 경기전: '전주한옥마을' 검색.
- 준경묘: '준경묘' 혹은 강원 삼척시 미로면 준경길 333-360 검색. 방문 문의는 삼척시 문화유산 담당 ☎ 033-570-3721. 시멘트 임도가 어마무시하게 멀고 꼬불꼬불하니 도보로는 추천하지 않는다.

11. 을사조약과 군함 양무호

- 중명전: 을사조약이 체결된 장소. 서울 덕수궁 옆이다. '중명전' 검색.

12. 대한제국 망국기 훈장 남발 전말기

- 통감관저: 서울 남산에 있다. '일본군 위안부 기억의 터' 혹은 서울특별시 중구 필동 퇴계로26가길 6 검색. 한일병합 당시 주한일본공사 하야시 곤스케 동상 대좌를 거꾸로 세운 구조물도 볼 수 있다.
- 흥복헌: 1910년 8월 22일 융희제 순종이 한일 병합을 승인한 곳. 창덕궁 대조전 옆에 붙어 있다.
- 석조전: 덕수궁 경내에 있다.
- 세검정: 서울특별시 종로구 세검정로 244. 주차공간 없음. 개울 아래에 산책로 있는데 홍제천을 따라 한강까지 이어지니 체력에 자신 있는 사람은 도전해볼 만하다.
- 자하문(창의문): 서울 종로구 청운동 산1-1번지. 윤동주문학관 인근이다.